16

CÉRÉMONIAL
DU SACRE
DES ROIS DE FRANCE,

Précédé d'une Diſſertation ſur l'ancienneté de cet acte de Religion ; les motifs de ſon inſtitution, du grand appareil avec lequel il eſt célébré, & ſuivi d'une Table Chronologique du Sacre des Rois de la ſeconde & troiſieme Race.

On y a ajouté la traduction de toutes les Oraiſons & Prieres qui font une grande partie de la Cérémonie, & on a donné une idée du Sacre & Couronnement des Reines de France.

A PARIS,

Chez *G. D E S P R E Z*, Imprimeur ordinaire du Roi & du Clergé de France, rue St. Jacques.

M. DCC. LXXV.

Avec Approbation & Privilege du Roi.

PRÉFACE.

L E Sacre de nos Rois eſt la Cérémonie la plus ſolemnelle que
la Religion ait établie, pour rendre
nos Monarques reſpectables. Tout ce
que la Majeſté royale a d'auguſte, ce
que les richeſſes des Rois peuvent offrir de pompeux, & tout ce qui peut
frapper les yeux par la magnificence,
y eſt étalé. Les ornements même qui
revêtent & décorent les premieres di-
gnités du Royaume, excitent l'éton-
nement, par ce qu'ils ont d'extraor-
dinaire & d'éloigné de nos mœurs,
& nous retracent des uſages vénéra-
bles par leur antiquité. L'élite de la

PRÉFACE.

Nation, formée des divers Ordres de l'Etat, s'y trouve rassemblée : les Corps Militaires les plus distingués, qui environnent le lieu, annoncent la force, la puissance, la supériorité; & tout ce spectacle enfin porte dans l'ame des Sujets la plus grande vénération pour leur Souverain.

Le temps qui perfectionne toutes choses, a ajouté de jour en jour quelque nouvelle décoration au Sacre de nos Roïs. Cependant, quoique les Cérémonies soient souvent arbitraires, l'essentiel de cet acte n'a point changé, de quelque pompe extérieure qu'il soit accompagné. On comprend facilement que ce spectacle de Religion étant aussi remarquable par toutes les circonstances de son appareil, & étant ordinairement assez rare, il doit attirer un grand concours : les uns se rendent à Reims, flattés de l'espérance d'avoir accès jusques dans le lieu de la Cérémonie ; les autres, pour en voir du moins les parties accessoires & extérieures, telles que la marche en ordre de Procession, qui se fait depuis le Palais Archiépiscopal, jusqu'à l'Eglise, ou bien le Festin royal, &c. car il n'y a que les personnes qui, par leur rang & leur dignité, leurs charges & leurs fonctions, ou ceux que leur état & leur qualité font honorer d'une invitation, qui soient les spectateurs de la cérémonie du Sacre : le reste de la Nation ne sauroit jouir de ce coup-d'œil.

C'est ce qui a donné lieu aux Relations qui ont été faites des derniers Sacres. Mais comme elles n'ont eu pour objet que tel, ou tel Sacre en particulier, il nous a paru convenable, eu égard aux circonstances du

temps, de donner plus d'étendue à
ce fujet ; de confidérer cette Cérémonie en général ; d'en affigner l'origine ; d'en faire connoître l'efprit ;
de préfenter les différentes fituations
du tableau, telles qu'elles doivent fe
trouver dans tous les Sacres ; de ne
faire mention que des Officiers de la
Cérémonie, fans nommer les perfonnes ; enfin, d'en marquer exactement le Cérémonial, & de fuivre,
à cet égard, ce qui s'eft pratiqué dans
les Sacres les plus récents.

En général le Cérémonial fe regle ordinairement par le paffé : c'eft
dans les *Retroacta* qu'on cherche les
décifions des difficultés qui naiffent
entre certains Corps, ou entre de
grands Officiers, dans les cérémonies
publiques. A l'égard de celles qui
s'obfervent au Sacre des Rois, on
en trouve l'ordre dans plufieurs

ouvrages que nous avons fur cette matiere. Celui qui nous a paru le meilleur eft une Hiftoire Chronologique du Sacre & Couronnement des Rois de France, par le favant M. Menin, Confeiller au Parlement de Paris. Elle eft le fruit de bien des recherches, & on y trouve quantité de faits curieux, relatifs à la matiere qu'il traite; auffi nous a-t-elle été fort utile. Nous avons encore eu recours au grand Cérémonial de France, qui fait partie de celui des Cours de l'Europe, & qui forme le tome I du fupplément au Corps univerfel Diplomatique du droit des Gens, ouvrage en cinq volumes *in-folio*. La relation qu'on y lit, du Sacre de Louis XV, fe trouve conforme à celle qui fut imprimée à Reims avec privilege en 1722, & dreffée par des témoins oculaires. Avec de pareils garants, nous ne pouvions nous égarer. C'eſt ſur de tels Mémoires que nous nous ſommes réglés pour l'ordre des marches, & pour celui des rangs & des ſéances, & qui eſt exactement le même que celui obſervé au dernier Sacre.

L'Auteur de ce grand ouvrage (1) déclare, dans ſa Préface, qu'il a tiré tout ce qu'il rapporte du Cérémonial de France, du Manuſcrit original de M. de Sainctot, qui ayant vieilli dans la Charge d'Introducteur des Ambaſſadeurs, avoit déja travaillé à ce Cérémonial du temps de Godefroy, Auteur de l'ancien Cérémonial François. Il laiſſa ces Mémoires à MM. ſes fils, qui lui ont ſuccédé. Dans une matiere qui demande la plus ſcrupuleuſe attention, nous nous ſommes

_____

(1) Dumont, & augmenté par Rouſſet. La Haye, 1739.

cru obligés de déclarer quelles font les fources où nous avons puifé, de peur qu'on ne nous imputât quelque erreur.

Cette nouvelle defcription nous a paru pouvoir être commode & utile à tous ceux qui affiftent au Sacre comme fpectateurs. Avec ce petit ouvrage à la main, ils verront la marche de toute la Cérémonie; ils feront inftruits de tout ce qui fe paffe; ils fuivront dans toutes fes actions, le Prélat qui facre le Roi, ainfi que dans toutes les Oraifons qu'il récite.

Elle pourra faire également plaifir à tous ceux qui font privés de voir cette Cérémonie, & qui, pour bien des raifons, ne la verront vraifemblablement jamais : ce qui compofe la totalité, du moins morale, des Sujets du Royaume. Ainfi à quelque diftance que foit un François de la ville de Reims, ou pour toute autre caufe, il pourra, à l'aide de ce Cérémonial, favoir exactement ce que c'eft que la célébration du Sacre des Rois; & par le détail que nous lui mettons fous les yeux, de toutes les circonftances qui précedent, qui accompagnent & qui fuivent cette Cérémonie, il s'en formera facilement une affez jufte idée.

Il nous refte une obfervation à faire touchant les Prieres & Oraifons qui fe récitent dans la Cérémonie du Sacre. On ne les trouve qu'en latin dans les livres qui traitent de cette matiere. C'eft ainfi qu'on les lit dans l'ouvrage de M. Menin, dans le Cérémonial François, dans le Rituel même du Sacre. Ces Oraifons font en grand nombre : on peut les eftimer à plus de cinquante. Elles doivent conséquemment emporter la majeure partie du temps de la Cérémonie, & tenir par-là les affiſtants dans une eſpece d'inaction & d'attente, par la raiſon que la plupart d'entr'eux, ou n'entendent point cette langue, ou ſont trop éloignés du Prélat qui les récite.

Comme elles font une partie eſſentielle de la Cérémonie, nous nous ſommes fait un devoir de les rapporter telles qu'on les trouve dans les livres dont on vient de parler ; mais par des égards juſtement dus à beaucoup de Lecteurs, nous avons cru devoir leur en donner la traduction. Nous nous ſommes appliqués à cet objet avec toute l'attention que demandoit une matiere qui a la Religion pour fondement. Qu'il nous ſoit permis de faire obſerver que la nature de ce latin en rendoit la tra-

duction plus difficile qu'on ne pour-
roit s'imaginer, à cause d'un grand
nombre de tours métaphoriques &
d'expreſſions figurées dont elles ſont
remplies, & qui ſe reſſentent du gout
ſingulier qui regnoit dans les ſiecles
où ces Oraiſons ont été compoſées.
Cependant nous croyons en avoir
rendu le véritable ſens ; mais dans les
endroits peu ſuſceptibles d'un tour
françois, nous nous ſommes bien
plus attachés au fonds des choſes, qu'à
la lettre des expreſſions.

Nous oſons nous flatter que cette
traduction relevera en quelque ſorte
le mérite de l'Ouvrage ; qu'elle pourra
faire plaiſir à toutes les perſonnes qui
aſſiſtent à cette Cérémonie, & qu'elle
leur en fera ſentir parfaitement l'eſprit.

Il y a également lieu de croire que
les Rois eux-mêmes verront avec

fatisfaction toute cette fuite d'Oraifons, qui, préfentées dans la langue
nationale, leur mettront fous les yeux,
& fans aucun effort d'attention, ce
que l'Eglife demande à Dieu dans
les prieres qu'elle lui adreffe pour leurs
facrées Perfonnes ; qu'elles rappel-
leront à des idées de Religion toute
leur Cour, ainfi que tous ceux qui
affiftent à cette Cérémonie, & qu'elles les engageront à fe joindre aux
vœux ardents & multipliés que forme
cette même Eglife, pour le bonheur
préfent & à venir de leur augufte
Souverain.

TABLE
DES ARTICLES
CONTENUS DANS CE VOLUME.

PRÉLIMINAIRE.

DES ARTICLES.

Fin de la Table des Articles.

CÉRÉMONIAL

CÉRÉMONIAL
DU SACRE
DES ROIS DE FRANCE.

PRÉLIMINAIRE.

Ancienneté de cette Cérémonie. Motifs de son Institution, & du grand appareil avec lequel elle est célébrée.

E Sacre des Rois n'est point dans son origine une invention de la politique, qui ait prétendu concilier par-là à la souveraineté plus de respect : c'est un acte d'autant plus saint & mystérieux, qu'il est d'institution divine.

A

Saül, le premier Roi qui ait reçu l'onction, la reçut par l'ordre de Dieu. David, Salomon, les Rois de Juda & d'Israël, furent tous sacrés à son exemple; & la pratique en dura près de neuf cents ans. On ne la voit point ailleurs que chez les Hébreux avant Jésus-Chrift. Mais au lieu de l'Onction sainte, il n'y a point de Nation qui n'ait observé quelque cérémonie particuliere d'appareil & d'éclat dans l'élection & couronnement de ses Princes. Toutes, malgré les nuages de l'idolâtrie qui leur cachoient la véritable lumiere, l'ont néanmoins invoquée à leur maniere, si l'on ose ainsi parler de leurs cultes superftitieux, pour obtenir au nouveau Roi la force, le courage & la prudence dont il avoit besoin pour les bien gouverner.

Il est vrai que la cérémonie de l'Onction demeura comme ensevelie avec la monarchie Judaïque; car on remarque que, ni Conftantin, ni Théodose, ni aucun autre Prince Chrétien ne l'avoient point mise en pratique. Ce fut nôtre Roi Clovis qui la fit revivre lors de sa conversion à la Religion Chrétienne. Ce Prince avoit été élevé, quatorze ans auparavant, sur le Trône de ses Peres à la maniere des Germains, ou plutôt des Druides Gaulois, dont les usages subsisterent quelque temps dans l'inauguration de nos premiers Rois. Mais, après avoir été baptisé par les mains de saint Remi, Archevêque de Reims, il fut oint & sacré en Roi par le même Prélat.

Le testament de saint Remi cité par Flodoard, nous insinue avec assez de vraisemblance que les quatre enfants de Clovis qui partagerent après lui son Royaume, ont aussi été sacrés. Les autorités ne manquent pas pour l'assurer expressément de Childébert I, Chérébert, Childéric I, Dagobert I, Childéric II, Thierri I, Childébert II, Dagobert II. On ne va au-delà que par conjectures dans la premiere race, & les Savants nous laissent dans bien des incertitudes jusqu'au regne de Pépin. Mais le cahos se débrouille à cette époque. Les deux races suivantes ne fournissent pas seulement des preuves plausibles pour la cérémonie du Sacre; ces sortes de solemnités y sont fidélement marquées de regne en règne avec l'ordre des dates, le nom des Villes & celui même des Prélats consacrants.

Pour en convaincre le Lecteur, nous avons recueilli en forme de Table, ces époques de la vie de nos Rois, éparses dans nos Annales; & pour éviter une trop longue interruption dans ce Préliminaire, nous avons renvoyé cette Table à la fin de ce petit Ouvrage.

Reprenons. Quoique nous reconnoissions les droits de nos Monarques indépendants de toute cérémonie, & attachés à la seule loi de leur naissance, il semble néanmoins, d'après l'usage constant où ils sont de se faire sacrer, qu'il manque quelque chose à leur majesté, si l'on ose parler ainsi, tant qu'ils ne sont pas sacrés; ne fut-ce que pour leur assurer la protection du Seigneur, dont l'Onction qu'ils reçoivent est le gage. On peut d'ailleurs regarder le Sacre comme une ratification publique de leurs droits, une confirmation du premier acte, qui les a mis en possession du Trône, une espece d'alliance spirituelle entre eux & leurs Sujets. Enfin, cette Onction sacrée sem-

ble les dévouer plus particuliérement aux
foins de l'Etat. Et en effet, jufques dans
le douzieme fiecle, ceux de nos Princes
qui fuccédoient au Royaume, n'étoient
reconnus Rois que du jour de leur Sacre :
avant cela, le Roi dormoit, difent nos
vieilles Chroniques, & l'autorité Royale
demeuroit fi abfolument aux Grands, ou
au Régent du Royaume, que leur nom
feul étoit marqué dans les actes. C'eft
apparemment ce que figure encore cet
endroit du Cérémonial, où les deux Evêques Pairs, députés pour amener le Roi
à l'Eglife, le trouvent couché fur un lit,
On tenoit alors pour maxime, que les
Rois ne devoient point être facrés qu'ils
ne fuffent majeurs, & la majorité n'étoit
qu'à vingt ans. Charles V, par fon Edit
de Vincennes de 1374, ordonna qu'elle
fût à quatorze; & Charles VI, confir-
mant l'Edit de fon Pere quant à la majorité, établit par un autre Edit donné
à Paris en 1392, qu'il n'y auroit point
de temps déterminé pour le Sacre : la Loi
depuis a fubfifté, & nous avons plufieurs
exemples dans l'Hiftoire de la Monarchie,
de quelques Princes facrés & couronnés

en un très-bas âge. Saint Louis fut sacré dans le cours de sa douzieme année, Charles VI dans sa quatorzieme, Charles VIII au même âge.

Au reste, le Sacre n'imprime pas un caractere indélébile, puisqu'il peut être réitéré. Charlemagne fut sacré Roi de France à Saint-Denis, à Milan Roi de Lombardie, à Rome Empereur. Charles le Chauve fut sacré à Limoges en 854, à Rome en 876, & ensuite à Pavie. Philippe-Auguste a été sacré & couronné à Reims en 1179, & couronné, pour la seconde fois, à Saint-Denis en 1180.

Il faut encore observer, que les Rois peuvent être sacrés par d'autres que par l'Archevêque de Reims : témoin Pépin, qui fut sacré à Soissons en 751 par Boniface, Archevêque de Mayence. Louis le Débonnaire fut couronné à Reims par le Pape Etienne IV en 816. Louis VI, dit le Gros, fut couronné à Orléans par Daimbert, Archevêque de Sens, le 3 Août 1106. Louis VII, dit le Jeune, fut sacré à Reims par le Pape Innocent II, le 25 Octobre 1171. De plus, il n'est pas absolument nécessaire que le Sacre se fasse

à Reims, Louis d'Outremer fut couronné
à Laon, Pépin le fut à Soiſſons, Louis
le Begue à Compiegne; & ſur ces deux
articles on peut conſulter la ſavante Lettre d'Yves, Evêque de Chartres, qui commence par ces mots: *Noverit ſancta Ro-
mana Ecclesia, &c.* Cependant ce ſont
comme des exceptions à l'uſage que l'on
peut regarder comme immémorial, ſa-
voir, que ce droit a toujours été dévolu
à l'Archevêque de Reims.

Ajoutons enfin, que, ſelon l'uſage, le
Roi doit être confirmé avant que d'être
ſacré. Le Roi Louis XIII n'ayant pas été
confirmé, le fut la veille de ſon Sacre
dans l'Egliſe de Notre-Dame de Reims,
étant préſenté par la Reine Marguerite
& par le Prince de Condé.

A l'égard des cérémonies du Sacre,
elles ont ſouvent varié, comme il paroît
par les divers Formulaires qui en ont été
rédigés par écrit, par ordre des Rois Louis
le Jeune, Louis VIII, Louis IX, Charles V, &c. qu'on trouve dans le Cérémonial François de Godefroy, tome I, au
commencement.

Quoique cette cérémonie ait toujours

été accompagnée d'un grand appareil, elle s'est toujours perfectionnée avec le temps, & on peut dire qu'elle est devenue aujourd'hui la cérémonie la plus auguste & la plus solemnelle de l'Univers : enforte que le Sacre & Couronnement des Rois de France est l'acte le plus grand & le plus auguste de la Nation. C'est par cet acte que le Prélat qui a le droit de sacrer le nouveau Roi, lui donne la sainte Onction, le revêt des Ornements Royaux, étant assisté des Prélats, des Pairs, des Princes & des Grands du Royaume, en préfence des Ministres des Puissances de l'Europe, & aux ieux des Sujets les plus distingués de tous les Ordres de l'Etat.

Les dépenses de cette auguste cérémonie font ordinairement très-confidérables, & une infinité de circonstances les rendent telles indispenfablement. Elles tomboient autrefois fur les Archevêques de Reims, tant pour l'entrée, que pour le féjour & le festin, & ils en étoient extrêmement grevés. On raconte que Guillaume de Joinville, au Sacre de Louis VIII, y employa quatre mille livres parifis, ce qui peut revenir à quarante-fept

mille sept cents cinquante livres, somme
très-confidérable en ce temps-là : c'est ce
qui engagea ce Prince à ordonner que
tous les Bourgeois de Reims, Ban & Sei-
gneurie de l'Archevêque, porteroient leur
part des frais, réglement qui a paffé en
ufage jufqu'à nos jours, mais que la li-
béralité des Rois a rendu moins onéreux
à la Ville par l'exemption de certains im-
pôts, & par d'autres graces dont ils l'ont
fouvent gratifiée.

Préparatifs du Sacre (1).

Le Roi ayant fixé le jour de fon Sacre &
de fon Couronnement, Sa Majefté fait
écrire une Lettre à l'Archevêque-Duc de
Reims, ou à celui qui doit le repréfenter,
de fe trouver près d'elle au jour & lieu
marqué pour cette cérémonie. Une pareille Lettre eft adreffée aux Echevins &
Corps de la Ville de Reims, pour qu'eux
& les habitants fe difpofent à l'entrée &
à la réception de Sa Majefté.

---

(1) Extrait du Cérémonial des Cours de l'Europe,
Tom. 4, du Supplément au Corps univerfel diplomati-
que du droit des Gens, article 4, du Cérémonial de
France, au Sacre de Louis XV.

Pendant que cette Ville fait ses préparatifs pour orner ses rues, pour enrichir ses portes qu'elle change en arcs de triomphe, qu'elle éleve des portiques ornés d'emblêmes, de devises convenables au sujet, le Grand-Maître des Cérémonies, suivant les ordres qu'il a reçus du Roi, marque les lieux où Sa Majesté doit être reçue, & désigne le lieu où elle doit être haranguée. Il fait dresser le Trône, préparer les places que Sa Majesté doit occuper dans l'Eglise, & disposer les sieges & les tribunes où doivent s'asseoir les Princes, Ambassadeurs, Cardinaux, Prélats, Ministres, Seigneurs & Officiers, suivant leur rang : on pare des plus beaux meubles de la Couronne les appartements du Palais Archiépiscopal où le Roi doit loger ; on fait aussi apporter du Trésor de S. Denis les ornements Royaux dont le Roi doit être vêtu & paré en son Sacre. En un mot tous les Officiers, soit de la Garde, soit de la conduite, soit de la Garde-robe, soit des Ecuries & de la bouche du Roi, exécutent, & donnent, chacun en ce qui les concerne, tous les ordres nécessaires, afin que pendant le voyage & le séjour du

Roi, rien ne manque, ni à la sureté, ni à la commodité, ni à la pompe, ni à l'abondance.

Décoration de l'Eglise Métropolitaine de Reims, pour le jour & la cérémonie du Sacré, & disposition des sieges, tribunes & amphithéâtres (1).

L'Eglise, depuis les hautes galeries jusqu'au bas, tant dans le Chœur, que dans la Nef & les deux ailes, est tendue & ornée des riches tapisseries de la Couronne. Le marche-pied de l'Autel & tout le pavé du Chœur, sont couverts de tapis de Turquie, & le Grand-Autel est paré des magnifiques ornements que le Roi donne la veille de son Sacre, avec le reste de la Chapelle. Sur le même Autel est posée la Chapelle d'or massif : elle est accompagnée de deux Reliquaires, dont l'un est un présent donné par Louis XIV, & l'autre par Louis XV.

---

(1) Extrait du grand Cérémonial de France par Denis Godefroi, imprimé en l'an 1649, du Théâtre d'honneur de Guillaume Merlot, & du Sacre & Couronnement de Louis XIV, imprimé à Paris en 1717.

Au bas du dégré devant le Grand-Autel, est posé le fauteuil qui doit servir à l'Archevêque de Reims, ou au Prélat qui le représente, couvert, comme tous les autres bancs & sieges, de velours violet, semé de fleurs de lis d'or. Vis-à-vis, à huit pieds, ou environ, dudit fauteuil, est posé un dais de huit pieds en quarré, & d'un pied de haut, couvert d'un tapis de velours violet, en broderie de fleurs de lis; & sur icelui un appui d'oratoire, couvert d'un autre tapis, un fauteuil & deux carreaux, avec un grand dais suspendu au-dessus, préparé pour le Roi, le tout de pareille étoffe. Au milieu, entre le fauteuil de l'Officiant, & ledit appui, un grand carreau de cinq quartiers de long de semblable étoffe, sur lequel le Roi doit se prosterner avec l'Archevêque de Reims, pendant qu'on chante les Litanies.

Derriere, à cinq pieds du fauteuil du Roi, est un siege pour le Connétable, représenté par l'ancien Maréchal de France; un autre, trois pieds plus éloigné, pour le Chancelier, &, en son absence, pour le Garde des Sceaux, & plus en arriere un autre, pour le Grand-Maître, le

Chambellan, & le premier Gentilhomme de la Chambre.

Au côté droit de l'Autel est mis un banc pour les Pairs Ecclésiastiques, derriere lequel il y en a un autre pour les Cardinaux; plus loin, deux autres pour les Prélats qui n'officient point; plus bas encore, au-dessous des Pairs Ecclésiastiques & des Prélats, sont disposés des bancs pour les Conseillers d'État, les Maîtres des Requêtes & les Secrétaires du Roi. Plus haut que le banc des Pairs Ecclésiastiques, on en met un à côté de l'Autel, pour les Evêques qui sont chargés de chanter les Litanies, & derriere, deux autres bancs pour les douze Procédants & Assistants, Diacres & Sous-Diacres, Chanoines de l'Eglise de Reims.

Du même côté entre deux piliers, à douze pieds de haut, est dressée une Tribune en forme d'Oratoire pour la Reine, quand il y en a une, & pour les autres Princesses qui doivent l'accompagner; & joignant cette Tribune, on place une espece d'échafaud pour les Dames de la suite de la Reine & autres de grande qualité.

Au côté gauche de l'Autel, vis-à-vis le banc des Pairs Eccléfiaftiques, eft un fiege avec un marche-pied de demi-pied de haut, pour le premier Prince du Sang, qui doit repréfenter le Duc de Bourgogne, & contre icelui, un banc pour les autres Pairs Laïques, derriere lefquels font mis des bancs pour les Maréchaux de France & autres grands Seigneurs; plus bas, pour les Secrétaires d'Etat, & plus bas en arriere, pour les Officiers de la Maifon du Roi.

De ce même côté, entre deux piliers, eft un échafaud à douze pieds de haut, pour le Nonce du Pape, pour les Ambaffadeurs & les Réfidents des Princes Etrangers invités au Sacre.

Les hautes chaires ou ftalles du Chœur font réfervées pour les Chanoines, à l'exception des quatre premieres du côté droit, lefquelles font gardées pour les quatre Chevaliers de l'Ordre qui doivent porter les Offrandes, & à l'exception des quatre du côté gauche, lefquelles font deftinées pour les quatre Barons qui doivent conduire la fainte Ampoule.

Depuis l'entrée qui eft au milieu des

chaires des Chanoines, de part & d'autre
sont dressés deux grands escaliers montant au Jubé, de six pieds de large, ayant
chacun un même nombre de marches,
couverts par bas d'un tapis de trois lar-
geurs, deux de drap d'or, & celle du milieu de velours violet, semé de fleurs de
lis d'or, & les accoudoirs de part & d'autre, couverts de pareil velours.

Les chaires des Chantre & Sous-Chantre sont posées des deux côtés, entre les-
dits escaliers & les chaires des Chanoines;
l'espace d'entre les deux escaliers demeurant libre pour l'entrée & la sortie du
Chœur.

Sur le milieu du Jubé, dont les balustres
du côté du Chœur sont ôtés, est élevé le
Trône sur lequel le Roi doit s'asseoir après
le Sacre, sur une plate-forme de trois marches de haut, de huit pieds de long, &
cinq de large, & sur laquelle est posé
un appui d'oratoire sur le devant, un
fauteuil sur le derriere, & un grand dais
au-dessus; le tout de velours violet, semé
de fleurs de lis d'or, en telle sorte, que le
Roi étant sur son siege, peut être vu, tant
de la Nef, que du Chœur, ayant le visage
tourné vers l'Autel.

Au-devant du Trône du Roi, sur le plan du Jubé, est mis un siege pour le Connéta-ble, ou celui qui le représente : à la droite, sur la seconde marche du Trône, est la place du Grand-Chambellan de France; & à sa gauche, sur la derniere & plus basse marche, celle du premier Gentil-homme de la Chambre. Sur une petite estrade ou échafaud, entre les deux escaliers, avançant un peu dans le Chœur, à plain-pied dudit Jubé, est un siege pour le Chancelier à la droite, & un autre pour le Grand-Maître à la gauche. Contre les balustres du Jubé qui regardent la Nef, à la droite du Roi, est un banc pour les Pairs Ecclésiastiques, & à la gauche, un siege, ayant un petit marche-pied, pour le premier Prince du Sang représentant le Duc de Bourgogne, & ensuite un banc posé sur la même ligne, pour les autres Pairs Laïques.

Au bout du Jubé, à côté droit du Trô-ne, il y a un Autel avec un dais au-des-sus, où un Aumônier doit dire une Messe basse, aussi-tôt que la grande est com-mencée.

Depuis le Jubé jusqu'aux portes colla-
térales

térales du Chœur, de part & d'autre, au-
deſſus des chaires ou ſtalles des Chanoines,
ſont dreſſées des galeries en amphithéâtre pour toutes les perſonnes de diſtinction, comme auſſi eſt dreſſé un échafaud
derriere le Grand-Autel, tenant toute la
largeur de l'Egliſe, pour la Muſique du
Roi; ou, ſi l'on ne le trouve pas aſſez
commode pour les voix, la Muſique eſt
placée dans la galerie au-deſſus des premieres chaires des Chanoines, du côté
gauche, comme il arriva au Sacre de
Louis XIV.

Dans l'arriere-Chœur, entre le Grand-
Autel & celui qu'on appelle à Reims du
Cardinal de Lorraine, on dreſſe des tables pour les Ornements des Evêques &
des Chanoines officiants.

Des Ornements Royaux.

Juſqu'au regne de ſaint Louis, nos
Rois ont conſtamment gardé ces Ornements dans leurs Palais; mais ce Prince
pieux, par vénération pour ſaint Denis
& les ſaints Martyrs, Protecteurs de la
France, les confia au Tréſor de cette Ab-

baye, fous condition de lui être remis, tant à lui qu'à fes Succeffeurs, toutes les fois qu'ils en feroient la demande.

Ces Ornements confiftent en fept différentes parties: la *grande Couronne Impériale*; l'*Épée*; le *Sceptre*; la *Main de Juftice*; les *Éperons*; l'*Agraffe* fervant à tenir le Manteau Royal, & le *Livre de Prieres*. La plupart, & entre autres la Couronne & l'Epée, viennent du Souverain Pontife Léon III. C'eft le préfent qu'il fit à Charlemagne le jour qu'il le facra Empereur d'Occident; & l'Epée s'appelle encore pour cela l'*Epée de faint Pierre* : on l'appelle auffi l'*Epée joyeufe*, parce qu'elle ne fert que dans les jours de réjouiffance. La poignée, la garde & le haut du fourreau, font d'or maffif, enrichi de pierreries, & le fourreau de velours violet garni de perles.

La Couronne, qui eft auffi de pur or, chargée de gros rubis, de faphirs & d'émeraudes, a un fort grand circuit : comme fon poids & fa grandeur ne permettoient pas à nos Rois de la porter, on la foutient fur leur tête pendant la cérémonie du Couronnement; & ils en font faire ordinairement deux autres, d'or & d'argent doré, qu'ils mettent pendant la Meſſe & pendant le feſtin Royal.

Le Sceptre, la Main de Juſtice & les Eperons, paſſent encore pour avoir appartenu à Charlemagne.

Le Sceptre a ſix pieds de haut; Charlemagne y eſt repréſenté en relief, aſſis ſur une chaire, garnie de deux lions, de deux aigles, le globe en main, & de la maniere qu'on a coutume de le peindre : le tout d'or maſſif, émaillé & enrichi de perles orientales.

La Main de Juſtice, appellée en latin *Virga virtutis atque æquitatis*, eſt une verge, ou bâton d'or d'une coudée, ſurmontée d'une main d'ivoire, ayant au quatrieme doigt un anneau d'or, où eſt enchaſſé un très-beau ſaphir : il y a de diſtance en diſtance trois cercles à feuillages tout brillants de perles, de grenats & autres pierres précieuſes.

Les Eperons ſont d'or, émaillés d'azur, ſemés de fleurs de lis d'or, & ornés de grenats, avec les deux boucles à tête de lion.

L'Agraffe eſt une loſange d'or, d'un

prix ineftimable pour les pierreries qui la relevent.

Le Livre contient les prieres qui font propres à la cérémonie du Sacre : il eft couvert d'argent doré, & les accompagnements en font auffi extrêmement riches. Jamais on ne change ces Ornements, au lieu que les autres, favoir, les Bottines ou Sandales, la Tunique, la Dalmatique & le Manteau Royal fe renouvellent prefque à tous les Sacres, en imitant néanmoins, autant que l'on peut, les anciens. Car, excepté les cérémonies purement Eccléfiaftiques, il n'y en a guere où les précieufes traces de l'antiquité foient plus refpectées qu'en celle-ci : chaque action, chaque démarche a fon principe, fondé fur la pratique des premiers temps. Par exemple, l'Archevêque de Reims, affifté des Evêques de Laon & de Beauvais, demande au Roi fa protection pour les Eglifes qui lui font fujettes, & le Roi la lui promet fans fe lever de fon fiege, & la tête couverte : ce qui étant fait, les deux Evêques foulevent le Roi, le préfentent aux Seigneurs affiftants & au Peuple, leur demandent s'ils l'acceptent pour leur Souve-

rain ; & après qu'ils en ont reçu le confen-
tement par un refpectueux filence, le Roi
prête tout haut le ferment du Royaume,
affis, la tête couverte, & tenant les mains
fur l'Evangile. On voit ici les droits d'une
fouveraineté héréditaire, que le Prince
tient de Dieu feul, & ceux de la liberté
publique fort fagement ménagés ; de forte
que, fans bleffer la dignité du Prince, les
Ordres de l'Etat font toujours cenfés main-
tenus dans la poffeffion où ils étoient ori-
ginairement de veiller à la fûreté du nouveau regne, & de prendre pour cela de
certaines mefures & certaines précautions
autorifées par les Loix.

La bénédiction de l'Epée nous montre
bien encore quels étoient les fentiments
de nos peres fur le droit de la guerre,
celui de vie & de mort, & généralement
fur tout ce qui concerne la puiffance du
glaive : l'Archevêque la bénit fans la tirer
du fourreau, la met au Roi & la lui ôte
en même-temps : puis il la laiffe nue fur
l'Autel, la reprend & la préfente à Sa Majefté ; le Roi la baife, la pofe fur l'Autel,
d'où l'Archevêque la reprend une feconde
fois pour la donner au Roi, qui la reçoit

à genoux, & la remet entre les mains de
son Connétable ou de celui qui le représente. Il eft clair par ce détail, que tout
y marque l'efprit de religion, & qu'on en
fait la premiere regle du pouvoir le plus
abfolu d'ailleurs, & le plus indépendant
qu'il y ait au monde.

Départ & voyage du Roi pour Reims.

Le jour que le Roi a fixé pour fe rendre en cette Ville étant arrivé, Sa Majefté
part de Verfailles ou de Paris, à fa volonté : elle eft accompagnée de la Reine,
quand il y en a une ; de fes Freres, fi le Roi
en a, & des Princes du Sang : il eft ef-
corté du Guet des Gardes-du-Corps, du
Quartier des Gendarmes, des Chevaux-
Légers de la Garde, des Moufquetaires
gris, des Moufquetaires noirs & du Vol
du Cabinet.

Le Guet des Gardes-du-Corps accompagne le carroffe du Roi, les Gendarmes
ferment la marche. Après eux fuit un
nombreux cortege de carroffes, où font
les Princeffes de la Famille & de la Maifon Royale, & un grand nombre d'équi-

pages, tant du Roi que de ceux des Princes, des Miniſtres & des Seigneurs qui ſuivent Sa Majeſté dans tout le voyage, lequel eſt de cinq jours. Les rues & les fauxbourgs par où paſſe Sa Majeſté pour prendre la route de Reims, ſont ordinairement remplies d'une multitude de peuple, qui, par des acclamations continuelles, & d'autres démonſtrations de joie, témoigne la ſincérité de ſes vœux, pour obtenir du Ciel qu'il continue de répandre ſur l'auguſte Perſonne de Sa Majeſté les bénédictions les plus abondantes, & que ſon Sacre ſoit le préſage du plus long & du plus glorieux regne.

Le premier jour, le Roi va coucher à Dammartin; le ſecond, Sa Majeſté part pour Villers-Cote-Retz, Château appartenant à M. le Duc d'Orléans, premier Prince du Sang; le troiſieme jour, le Roi part de Villers-Cote-Retz, & arrive ordinairement ſur les trois heures après-midi à Soiſſons; le Gouverneur de l'Iſle de France ſe trouve à la porte de la Ville, à la tête du Corps des Officiers de cette Ville, & il en préſente les Clefs à Sa Majeſté, qui reçoit enſuite les Harangues de ces Offi-

B 4

ciers, celles du Préfidial, des Tréforiers
de France, de l'Election & de l'Acadé-
mie, avec les cérémonies ordinaires : le
quatrieme jour, le Roi va coucher à Fif-
me, petite Ville en Champagne, dans le
Diocefe de Reims ; & le lendemain, Sa
Majefté arrive à Reims fur les deux heures après-midi. C'eft du moins ainfi que
fut réglé le voyage du Roi Louis XV, lorfqu'il alla en cette Ville pour être facré ;
car cela peut varier felon la volonté du
Roi regnant.

Au refte, ce ne font que fêtes, illumina-
tions & réjouiffances publiques par-tout
où le Roi paffe ; & tous les chemins font
bordés d'une multitude innombrable de
peuple, qui par leur empreffement & leurs
cris de *Vive le Roi*, affurent le Monarque de leur foumiffion & de la fincérité
de leurs vœux.

Arrivée du Roi à Reims.

Lorfque le Roi n'eft qu'à une petite diftance de la Ville, Sa Majefté trouve les
Troupes de fa Maifon qui étoient cam-
pées en cet endroit, rangées en bataille

fur fon paffage, & auffi-tôt elles l'accompagnent dans fon entrée. Le Gouverneur
de Champagne fe trouve à l'entrée de
Reims à la tête du Corps-de-Ville, & il
en préfente au Roi les Clefs. Sa Majefté y
fait fon entrée dans l'ordre fuivant.

Les Détachements des deux Compagnies de Moufquetaires, & la Brigade de
quartier des Chevaux-Légers de la Garde
qui ont fuivi le Roi pendant fon voyage,
marchent à la tête, enfuite un carroffe du
Roi, le Vol du Cabinet, un autre carroffe
de Sa Majefté, dans lequel font le Grand-
Ecuyer de France, le Grand-Chambellan,
le premier Gentilhomme de la Chambre,
& quelques-uns des principaux Officiers
de la Maifon du Roi : les Pages de la grande & petite Ecurie, le Détachement des
quatre Chevaux-Légers de la Garde, le
carroffe de parade de Sa Majefté, dans
lequel le Roi eft accompagné des Princes
du Sang. Le Capitaine des Gardes-du-
Corps en quartier eft à cheval à la portiere
du carroffe, autour duquel marchent
vingt-quatre Valets-de-pied : le Guet des
Gardes-du-Corps qui a accompagné le Roi
pendant fon voyage, la Brigade de quar-

tier des Gendarmes de la Garde, les Grenadiers à cheval, les quatre Compagnies des Gardes-du-Corps, les deux Compagnies des Mousquetaires, les Chevaux-Légers de la Garde continuent la marche, laquelle est fermée par les Gendarmes de la Garde. Le Gouverneur de Champagne & le Général de la Province marchent à cheval auprès du carrosse de Sa Majesté : le Grand-Maître & le Maître des Cérémonies, occupent dans la marche les places qui leur sont destinées dans les Cérémonies.

Le Roi ayant passé sous les arcs-de-triomphe, traverse la grande rue du fauxbourg de Vesle, occupée par le Régiment des Gardes-Françoises & Suisses, qui sont en haie sous les armes jusqu'à la porte de l'Eglise Métropolitaine, où Sa Majesté va descendre. Pendant cette entrée, on entend le bruit des trompettes, celui de toutes les cloches de la Ville, & plusieurs décharges du canon.

Arrivée du Roi à l'Eglise Métropolitaine.

Le Roi est reçu à l'entrée de l'Eglise par l'Archevêque-Duc de Reims à la tête du

Chapitre, & affifté des Evêques de Soiffons, de Laon, de Beauvais, de Châlons,
de Noyon, d'Amiens & de Senlis, fes Suffragants : ces Prélats font en Chape & en
Mitre, & les Chanoines en Chape. Le Roi
fe met à genoux à la porte de l'Eglife, &
après avoir baifé le Livre des Evangiles,
qui eft porté par l'un des Chanoines, Sa
Majefté eft complimentée par l'Archevêque de Reims, après quoi le Grand-Chantre entonne le Répons fuivant :

VOilà que je vais en-
voyer mon Ange de-
vant vous pour vous gar-
der. * Si vous écoutez mes
paroles, & fi vous les obfervez, je ferai l'ennemi
de vos ennemis, & j'affli-
gerai ceux qui vous affli-
geront, & mon Ange mar-
chera devant vous.

℣. Ifraël, fi vous écoutez
ma voix, vous n'aurez
point de Dieu nouveau,
& vous n'adorerez point
de Dieu étranger, car je
fuis votre Seigneur. * Si
vous écoutez mes paroles.

ECce ego mitto An-
gelum meum, qui
præcedat te, & cufto-
diat femper. * Obfer-
va & exaudi vocem
meam, & inimicus,
ero inimicis tuis, &
affligentes te affligam,
& præcedet te Ange-
lus meus.

℣. Ifrael, fi me
audieris, non erit in
te Deus recens, neque
adorabis Deum alie-
num : ego enim Do-
minus. * Obferva.

Le Clergé rentre dans le Chœur en ordre

de Proceſſion, & le Roi, marchant après les Evêques, eſt conduit à un Prie-Dieu dreſſé au milieu du Chœur, ſous un dais. Sa Majeſté y aſſiſte au *Te Deum* chanté par la Muſique, au bruit de pluſieurs ſalves de l'artillerie de la Ville; & pendant qu'on le chante, on apporte le riche préſent que le Roi fait à l'Egliſe de Reims. Le premier Gentilhomme de la Chambre le remet entre les mains de Sa Majeſté, & Sa Majeſté va l'offrir à Dieu en le poſant ſur l'Autel.

Le *Te Deum* fini, l'Archevêque récite quelques prieres, puis il donne la bénédiction, & enſuite le Roi ſe retire dans l'Archevêché. Sa Majeſté y reçoit les hommages du Chapitre de Reims, le Doyen portant la parole. Le Corps de Ville apporte auſſi les préſents ordinaires; & l'Univerſité a l'honneur de complimenter le Roi par la bouche de ſon Recteur. Le Préſidial & l'Election en font de même.

Veille du Sacre.

L'après-midi de ce jour, Sa Majeſté, accompagnée des Princes du Sang, &

suivie de toute sa Cour, se rend à l'Eglise Métropolitaine pour assister aux premieres Vêpres du Sacre. Elle est reçue à la porte de l'Eglise par l'Archevêque - Duc de Reims, en chape & en mitre, à la tête du Chapitre, & assisté des Evêques de Soissons, de Laon, de Beauvais, de Châlons, de Noyon, d'Amiens & de Senlis, ses Suffragants : elle va se placer au milieu du Chœur sur un Prie-Dieu, dressé sous un dais. Les Princes du Sang sont à la droite & à la gauche de Sa Majesté; ses principaux Officiers derriere son fauteuil : le Grand-Aumônier à la droite du Prie-Dieu, & les Cardinaux invités à la gauche, tous en rochet & en camail. Derriere le Grand-Aumônier sont deux Aumôniers du Roi en quartier. Les Archevêques & Evêques, invités par le Roi à la cérémonie du Sacre, sont placés près de l'Autel, à la droite, & les places de l'autre côté sont occupées par les Seigneurs de la Cour. L'Archevêque de Reims va se placer dans la premiere haute stalle à droite, & les Evêques de Soissons, de Beauvais, de Noyon, de Senlis, occupent les quatre suivantes. Les Evêques de Laon, de Châlons & d'Amiens, fe mettent dans les hautes ftalles du côté gauche : les autres font occupées par les Chanoines, tous en chape, & les baffes ftalles par les Habitués de l'Eglife.

Tous étant à leur place, l'Archevêque de Reims entonne les Vêpres du jour : elles font continuées par la Mufique du Roi & par celle de la Métropole. Après les Vê-pres, il y a un Sermon fur la cérémonie du Sacre, & prononcé ordinairement par un Evêque. Après la prédication, le Roi fort de l'Eglife avec les mêmes cérémonies ob-fervées lorfqu'il y eft arrivé ; & Sa Majefté étant rentrée dans l'Archevêché, elle fe difpofe par la confeffion à la fainte céré-monie du lendemain.

JOUR DU SACRE.

Ordre des places. (1)

L'Eglife Métropolitaine étant ainfi dif-pofée pour la Cérémonie, les Chanoines, tous en Chape, y entrent vers les fix heu-

---

(1) Cérémonial diplomatique des Cours de l'Europe. Sacre de Louis XV.

res du matin : ils se placent dans les hautes stalles, à l'exception des quatre premieres qu'ils laissent vuides. Le Grand-Prieur de l'Abbaye de Saint-Denis, le Trésorier, & un des anciens Religieux qui ont apporté les Ornements Royaux du Trésor de cette Abbaye, sont placés à côté de l'Autel, pour être à portée de livrer ces Ornements lors du couronnement du Roi. On commence Prime ; pendant ce temps-là l'Archevêque-Duc de Reims arrive à l'Eglise : il va dans la Sacristie prendre ses Habits Pontificaux, & revient ensuite à l'Autel ; il est précédé du Grand-Chantre, du Sous-Chantre, tenant leurs bâtons d'argent, & des quatre Evêques qui doivent chanter les Litanies, en chape & en Mitre. Après ces quatre Evêques marchent l'Evêque d'Amiens, Sous-Diacre, l'Evêque de Soissons, Diacre, tous deux en Mitre. L'Archevêque de Reims vient après, assisté de deux Chanoines en chape, & destinés pour les cérémonies. L'Archevêque ayant fait sa révérence à l'Autel, s'assied, le visage tourné vers le Chœur, sur la chaise qui lui est préparée vis-à-vis le Prie-Dieu

du Roi. Les Evêques de Soissons & d'A-
miens se placent à ses côtés, & les Evêques de Senlis, de Verdun, de Nantes
& de Saint-Papoul, vont prendre leurs
places au côté droit de l'Autel. Le Grand-
Aumônier de France, & après lui les autres Cardinaux invités, tous en rochet,
& revêtus de leur chape de Cardinal, sont
placés sur une forme un peu au-dessus que
le banc des Pairs Ecclésiastiques, mais un
peu moins avancée. Les Archevêques &
Evêques invités, sont placés sur des formes derriere les Pairs Ecclésiastiques.
Après eux sont les Agents du Clergé,
derriere lesquels sont les Abbés Aumôniers du Roi, en rochet & en manteau
noir.

Les Conseillers d'Etat & les Maîtres
des Requêtes invités au Sacre, tous en
robe de cérémonie, occupent les formes
qui sont au-dessous de celles des Archevêques & Evêques : après eux sont six Secrétaires du Roi, députés de leur Compagnie pour assister au Sacre.

Les Pairs Ecclésiastiques, conduits par
le Grand-Maître des Cérémonies, étant
arrivés en chape & en Mitre, se placent
　　　　　　　　　　　　　　　　　sur

fur un banc couvert d'un tapis de velours
violet, femé de fleurs de lis d'or, placé
auprès de l'Autel du côté de l'Epître. Ces
Pairs font, l'Evêque-Duc de Laon, l'E-
vêque-Duc de Langres, l'Evêque-Comte
de Beauvais, l'Evêque-Comte de Châlons & l'Evêque-Comte de Noyon. Nous
ne parlons point du premier, qui eft l'Archevêque-Duc de Reims; fa place eft ailleurs, ainfi qu'on l'a marqué, parce que
c'eft lui qui fait la cérémonie de facrer le
Roi. (1)

___

(1) On prétend que ce fut Hugues Capet qui inftitua les
Pairs de France. Quelques Auteurs néanmoins attribuent
leur inftitution, les uns à Charlemagne, d'autres à Hugues
Capet, & il y en a qui la font defcendre jufqu'à Louis le
Jeune. Mais quelque incertaine qu'elle foit, la plus commune opinion eft de les rapporter à Robert. Ce Prince voulant s'attirer les Grands de fon Etat, par le titre flatteur &
magnifique de Pair, comme s'ils lui étoient égaux, il les
établit pour affifter le Roi à fon avénement à la Couronne, pour juger avec lui les caufes de fief, pour décider les
différends des vaffaux, pour le confeiller dans les affaires
importantes & pour le fervir à la guerre. Aujourd'hui, les
Pairs font Officiers de la Couronne. Il y en a fix Eccléfiaftiques, qui furent choifis à la follicitation des Papes, qui
étoient venus en ce temps-là plufieurs fois en France; & fix
Laïques, qui furent choifis parce qu'ils tenoient les fix
plus grands fiefs mouvants de la Couronne, dont ils étoient
alors propres Seigneurs; favoir, Eudes, defcendu de Robert, poffédoit la Bourgogne; Henri d'Angleterre, la Nor-

C

Les trois Maréchaux de France qui doivent, dans la cérémonie, porter la Couronne, le Sceptre & la Main de Justice, se placent sur un banc derriere celui des Pairs Laïques. Les quatre Secrétaires d'Etat occupent un banc séparé, & au-dessous de celui des trois Maréchaux de France. Les autres Maréchaux prennent leur place sur une forme qui est derriere le banc des honneurs. D'autres Seigneurs se mettent auprès d'eux sur la même ligne, & sur les autres formes sont les principaux Officiers de Sa Majesté.

Le Nonce du Pape & les Ambassadeurs invités à cette cérémonie, sont conduits à leur Tribune par les Introducteurs; & ceux-ci se placent auprès d'eux sur la même ligne : le reste de la Tribune est occupé par un grand nombre de Princes & Seigneurs étrangers. La Reine, lorsqu'il y en a une, les Princesses & les premieres Dames de la Cour sont pareillement conduites à une Tribune élevée au côté droit

mandie ; Thibaut le Vieil, la Champagne ; Guillaume de Normandie, la Flandre ; Raymond, fils d'Alphonse, le Comté de Toulouse, & Guillaume, pere d'Eléonore, le Poitou.

de l'Autel, par une galerie conftruite depuis la falle du Palais Archiépifcopal. Entre les piliers des deux côtés du Chœur & dans les galeries en amphithéâtre qu'on a élevées pour cette cérémonie, font placées toutes les autres perfonnes de diftinction. (1)

Vers les fept heures, les Pairs Laïques arrivent du Palais Archiépifcopal : ils font reçus & conduits par le Grand-Maître des Cérémonies : ils vont faire à l'Autel les révérences qui font d'ufage dans les grandes cérémonies, & vont fe placer fur la forme qui leur eft deftinée du côté de l'Evangile, couverte de même que celle des Pairs Ecclésiaftiques. Ils font vêtus d'une vefte

_____

(1) Au refte, nous avertiffons ici très-expreffément, que perfonne ne doit, ni ne peut tirer aucun avantage, ni aucune conféquence des rangs & féances, ni de la difpofition des places, bancs & amphithéâtres dont il eft ici parlé, non-feulement parce que cette difpofition a varié prefque à tous les Sacres, mais encore parce qu'il n'y a que MM. les Grand-Maître & Maître des Cérémonies qui puiffent régler ces rangs comme ils doivent être, ayant feuls dans leurs regiftres tous les éclairciffements convenables à ce fujet, n'ayant pas encore jugé à propos de donner au Public des relations fur l'étiquette : mais comme il falloit nous fixer à un Cérémonial, nous nous fommes réglés fur celui qui a été obfervé au Sacre de Louis XV.

d'étoffe d'or, qui leur defcend jufqu'à mi-
jambe : ils ont une ceinture d'or, & par-
deffus leur longue vefte un Manteau Ducal de drap violet, doublé & bordé d'hermine, ouvert fur l'épaule droite ; l'épitoge
ou collet rond eft auffi bordé d'hermine :
ils ont tous une Couronne Ducale dorée
fur un bonnet de fatin violet. C'eft le premier Prince du Sang, ou le Prince le plus
près de la Couronne, qui repréfente le
Duc de Bourgogne ; fon fiege a un marche-pied plus haut que celui des autres
Pairs. Les autres Princes du Sang, felon
leur rang, repréfentent, l'un le Duc de
Normandie, l'autre le Duc d'Aquitaine,
un autre le Comte de Touloufe, un autre
le Comte de Flandre, & un autre le Comte
de Champagne.

Les trois qui repréfentent les Ducs, ont
des Couronnes Ducales, & les autres qui
repréfentent les Comtes, ont des Couronnes de Comtes : ils ont fur leurs manteaux
le Collier de l'Ordre du Saint-Efprit. (1)

---

(1) Il eft bon de favoir ici, qu'il y avoit autrefois en
France trois Ducs-Pairs & trois Comtes-Pairs, en même
nombre que les fix Pairs Eccléfiaftiques. Les trois Ducs-
Pairs étoient les Ducs de Bourgogne, de Normandie &

Un moment après que les Pairs Laïques ont pris leurs féances, ils s'approchent, ainfi que les Pairs Eccléfiaftiques, de l'Archevêque-Duc de Reims, & ils conviennent de députer l'Evêque - Duc de Laon, & l'Evêque-Comte de Beauvais, pour aller quérir le Roi. Ces deux Prélats, revêtus de leurs habits Pontificaux, & ayant des Reliques de Saints pendues à leur cou, partent en Proceffion, précédés de tous les Chanoines de l'Eglife de Reims, entre lefquels eft la Mufique. Le Chantre & le Sous-Chantre marchent après le Clergé, & devant le Grand-Maître des Cérémonies, qui précede immédiatement les deux Evêques : ils paffent par une galerie découverte qu'on a conftruite depuis le portail de l'Eglife, jufqu'à la grande falle de l'Archevêché ; & étant arrivés à la Cham-

---

d'Aquitaine. Les trois Comtes-Pairs étoient les Comtes de Flandre, de Champagne & de Touloufe. Mais ces fix Pairies ayant été depuis long-temps réunies à la Couronne, excepté le Comté de Flandre, ces fix Pairs ne laiffent pas d'être repréfentés au Sacre des Rois en la perfonne des Princes du Sang, & au défaut de quelqu'un d'eux, en celle d'un Seigneur de la premiere qualité. Ainfi ils affiftent à cette cérémonie pour faire les fonctions qui étoient attachées à la dignité de ces fix Pairs.

C 3

bre du Roi qu'ils trouvent fermée, le Chantre y frappe de son bâton. Le Grand-Chambellan, sans ouvrir la porte, dit : *Que demandez-vous ?* L'Evêque de Laon répond : *Le Roi.* Le Grand-Chambellan repart : *Le Roi dort.* Le Chantre ayant frappé, & l'Evêque demandé une seconde fois le Roi, le Grand-Chambellan fait la même réponse : mais à la troisieme fois, le Chantre ayant frappé, & le Grand-Chambellan répondu de même, l'Evêque de Laon dit : *Nous demandons Louis XVI, que Dieu nous a donné pour Roi.* Aussi-tôt les portes de la Chambre s'ouvrent, & le Grand-Maître des Cérémonies conduit l'Evêque de Laon & l'Evêque de Beauvais auprès de Sa Majesté, qu'ils saluent profondément. Le Roi est couché sur un lit magnifique : il est vêtu d'une longue camisole cramoisi, garnie de galons d'or, & ouverte, ainsi que la chemise, aux endroits où Sa Majesté doit recevoir les onctions. Par-dessus cette camisole, le Roi a une longue robe de toile d'argent, & sur sa tête une toque de velours noir, garnie d'un cordon de diamants, d'un bouquet de plumes & d'une double aigrette blanche.

L'Evêque de Laon préfente de l'eau-béni-
te au Roi, & dit l'Oraifon fuivante.

PRIONS.

Dieu tout-puiffant &
éternel, qui avez éle-
vé à la Royauté votre ferviteur Louis, accordez-lui
de procurer le bien de fes
Sujets dans le cours de fon
regne, & de ne jamais
s'écarter des fentiers de
la juftice & de la vérité.
Par notre Seigneur Jéfus-
Chrift.

OREMUS.

OMnipotens fem-
piterne Deus,
qui famulum tuum Lu-
dovicum Regis faftigio
dignatus es fublima-
re, tribue, quæfumus,
ei; ut ita hujus fæcu-
li curfu multorum in
commune falutem dif-
ponat; quatenus à ve-
ritatis tuæ tramite non
recedat. Per.

Cette Oraifon finie, les deux Evêques
foulevent le Roi de deffus fon lit, & le
conduifent à l'Eglife en Proceffion, dans
l'ordre qui fuit, en chantant le Répons
Ecce ego mitto, &c. ci-deffus, page 27.

*Ordre de la Proceffion pour conduire le Roi
à l'Eglife.*

Les Gardes de la Prévôté de l'Hôtel, le
Grand-Prévôt à leur tête, commencent la
marche, & précedent le Clergé, qui avoit
accompagné les Evêques. Après le Clergé
marchent les Cent-Suiffes de la Garde,

C 4

dans leurs habits de cérémonie, ayant à leur tête leur Capitaine, lequel eſt habillé de drap d'argent, avec un baudrier de pareille étoffe & brodé, un manteau noir doublé de drap d'argent & garni de dentelles, ainſi que les chauſſes retrouſſées, & une toque de velours noir, garnie d'un bouquet de plumes. Le Lieutenant des Cent-Suiſſes eſt vêtu d'un pourpoint & d'un manteau de drap d'argent, & d'une toque de pareille étoffe. Les autres Officiers ſont vêtus d'habits de moire d'argent & de ſatin blanc. Les hautbois, les tambours & les trompettes de la Chambre, viennent après les Cent-Suiſſes. Ils ſont ſuivis des ſix Hérauts d'Armes, en habit de velours blanc, les chauſſes trouſſées, garnies de rubans, & leur toque de velours blanc : ils ont par-deſſus leurs pourpoints & leurs manteaux, la Cotte-d'Armes de velours violet, chargée des armes de France, en broderie, & le caducée à la main. Le Grand-Maître des Cérémonies & le Maître des Cérémonies marchent après. Ils ſont vêtus de pourpoints de toile d'argent, de chauſſes retrouſſées de velours raz noir, coupé par bandes, ayant auſſi des capots de velours raz noir, garnis de dentelles d'argent, avec une toque de velours noir, chargée de plumes blanches. Ils précedent les quatre Chevaliers de l'Ordre du Saint-Esprit, destinés à porter les offrandes, & vêtus du grand manteau de l'Ordre. Le Maréchal de France, représentant le Connétable, vêtu comme les Pairs Laïques, avec la Couronne de Comte, marche après : il a à ses côtés les Huissiers de la Chambre du Roi, vêtus de blanc, & portant leurs masses d'argent doré. Ils sont habillés d'un pourpoint de satin blanc, les manches tailladées à plusieurs étages, & la chemise bouffante par les ouvertures; ayant les hauts de chausses, aussi de satin blanc, retroussés, avec le manteau de pareille étoffe, doublé de même, les bas de soie gris de perle, & les souliers de velours blanc. Le Roi paroît ensuite, ayant à sa droite l'Evêque de Laon, & à sa gauche l'Evêque de Beauvais. Le Grand-Écuyer de France, qui doit recevoir la toque du Roi, lorsque Sa Majesté l'ôte pendant la cérémonie, & qui est destiné à porter la queue du manteau Royal, marche après le Roi; & derriere Sa Majesté font à droite le Capitaine des Gardes du Corps, commandant les Gardes Ecof- fois, & à gauche le Capitaine des Gardes en quartier : ils font vêtus d'habits ordi- naires, très-magnifiques, ainsi que leurs manteaux. Le Roi est environné de six Gardes Ecossois, ou de la Manche, vê- tus de satin blanc, & ayant leurs Cottes- d'Armes en broderie par-dessus leurs ha- bits, & la pertuisane à la main. Le Chan- celier de France, ou, en son absence, le Garde des Sceaux, son représentant, mar- che après le Roi : il est vêtu d'une soutane de satin cramoisi, par-dessus un grand manteau d'écarlate, avec l'épitoge retrouf- fée & fourrée d'hermine ; & il a sur la tête le mortier de Chancelier, de drap d'or, bordé d'hermine. Le Grand-Maître de la Maison du Roi, portant son bâton à la main, vient ensuite, ayant à sa droite & sur la même ligne, le Grand-Chambel- lan de France, & à sa gauche, le premier Gentilhomme de la Chambre : ils font vê- tus tous trois comme les Pairs Laïques, & ils ont la Couronne de Comte sur la tête ; les Gardes du Corps ferment la marche.

Le Roi ayant passé par la grande gakrié découverte, qui eſt ornée de tapiſſeries, les Gardes de la Prévôté de l'Hôtel reſtent à la porte de l'Egliſe. Les Cent-Suiſſes forment une double haie entre les barrieres par leſquelles on traverſe la Nef, & les tambours, les hautbois & les trompettes ſe mettent entre les deux eſcaliers qui montent au Jubé.

Lorſque Sa Majeſté eſt arrivée à l'Egliſe, le Clergé s'arrête à l'entrée de la Nef, & l'Evêque de Beauvais dit l'Oraiſon qui ſuit.

PRIONS.	OREMUS.
O Dieu, qui ſavez que le genre humain ne peut ſubſiſter par ſa propre vertu ; accordez votre ſecours à Louis, votre ſerviteur, que vous avez mis à la tête de votre peuple, afin qu'il puiſſe lui-même ſecourir & protéger ceux qui lui ſont ſoumis. Par notre Seigneur.	DEus, qui ſcis genus humanum nullâ virtute poſſe ſubſiſtere ; concede propitius, ut famulus tuus Ludovicus quem populo tuo voluiſti præferri, itâ tuo fulciatur adjutorio, quantò quibus potuit præeſſe valeat & prodeſſe. Per.

Après cette Oraiſon, on chante le Pſeaume ſuivant.

| SEigneur, le Roi ſe réjouit dans votre force, & il eſt tranſporté de joie | DOmine, in virtute tua lætabitur Rex, & ſuper ſa- |

lutare tuum exultabit vehementer.

Defideriam cordis ejus tribuifti ei , & voluntate labiorum ejus non fraudafti eum.

Quoniam prævenifti eum in benedictionibus dulcedinis ; pofuifti in capite ejus coronam de lapide pretiofo.

Vitam petiit à te , & tribuifti ei longitudinem dierum in fæculum , & in fæculum fæculi.

Magna eft gloria ejus in falutari tuo ; gloriam & magnum decorem impones fuper eum.

Quoniam dabis eum in benedictionem in fæculum fæculi ; lætificabis eum in gaudio cum vultu tuo.

Quoniam Rex fperat in Domino , & in mifericordia Altiffimi non commovebitur.

de ce que vous l'avez fauvé.

Vous avez accompli les défirs de fon cœur , & vous n'avez point rejetté les prieres de fa bouche.

Vous l'avez prévenu de vos graces & de vos bénédictions ; vous avez mis fur fa tête une couronne de pierres précieufes.

Il vous a demandé la vie , & vous lui accordez des jours qui s'étendront dans le temps & dans l'éternité.

Sa gloire eft grande , par le falut que vous lui avez accordé ; vous l'avez revêtu d'éclat & de majefté.

Vous l'avez établi pour être à jamais la fource des bénédictions ; vous l'avez rempli de joie par la vue de votre vifage.

Parce que le Roi a mis fon efpérance dans le Seigneur , & dans la miféricorde du Très - Haut , il fera inébranlable.

Votre main trouvera tous vos ennemis ; votre droite trouvera tous ceux qui vous haïſſent.

Vous les ferez brûler comme un four ardent au temps de votre indignation : le Seigneur les conſumera dans ſa colere, & le feu les dévorera.

Vous exterminerez leurs enfants de deſſus la terre, & leur race du milieu des hommes.

Parce qu'ils ont travaillé à faire tomber toutes ſortes de maux ſur vous ; ils ont formé des deſſeins qu'ils n'ont pu exécuter.

Vous les diſſiperez, & les mettrez en fuite : à l'égard de ceux que vous vous êtes réſervés., vous les ferez jouir de votre préſence.

Paroiſſez, Seigneur, dans tout l'éclat de votre grandeur : nous chanterons & nous publierons dans nos cantiques les merveilles de votre puiſſance.

Gloire ſoit au Pere.

Inveniatur manus tua omnibus inimicis tuis ; dextera tua inveniat omnes qui te oderunt.

Pones eos ut clibanum ignis in tempore vultûs tui : Dominus in ira ſua conturbabit eos, & devorabit eos ignis.

Fructum eorum de terra perdes, & ſemen eorum à filiis hominum.

Quoniam declinaverunt in te mala ; cogitaverunt conſilia, quæ non potuerunt ſtabilire.

Quoniam pones eos dorſum : in reliquiis tuis præparabis vultum eorum.

Exaltare, Domine, in virtute tua : cantabimus & pſallemus virtutes tuas.

Gloria Patri.

Ce Pseaume est continué par les Musiciens en faux-bourdon ; & dans le même
temps le Roi, précédé du Clergé, entre
dans le Chœur, accompagné des Evêques
de Laon & de Beauvais ; & s'étant mis à
genoux au pied de l'Autel, l'Archevêque
de Reims se levant de son siege, dit l'O-
raison suivante.

OREMUS.

*O Mnipotens Deus
cælestium mode-
rator, qui famulum
tuum Ludovicum ad
Regni fastigium di-
gnatus es provehere ;
concede, quæsumus, ut
à cunctis adversitati-
bus, & Ecclesiasticæ
pacis dono muniatur,
& ad æterna pacis gau-
dia, te donante, per-
venire mereatur. Per.*

PRIONS.

Dieu tout - puissant,
qui réglez tout ce qui
est au - dessus de nous,
& qui avez daigné élever
au Trône votre serviteur
Louis ; nous vous sup-
plions de le préserver de
toute adversité, de le for-
tifier du don de la paix Ec-
clésiastique, & de le faire
arriver, par votre grace,
aux joies d'une paix éternelle. Par notre Seigneur.

Cette Oraison finie, Sa Majesté est conduite par les mêmes Evêques au fauteuil
qui est sous le dais au milieu du Chœur.
Les deux Capitaines des Gardes prennent
leurs places à la droite & à la gauche du
fauteuil du Roi. Le Capitaine des Cent-

Suiſſes qui a ſuivi le Roi dans le Chœur, prend la ſienne au côté droit de l'eſtrade ſur laquelle eſt Sa Majeſté. Les ſix Gardes Ecoſſois ſe mettent plus bas aux deux côtés du Chœur; & le Lieutenant, Enſeigne & Exempt de la Compagnie des Gardes Ecoſſois reſtent auprès de la porte du Chœur pour y donner les ordres néceſſaires: ils ſont vêtus de pourpoints & manteaux de drap d'argent & de velours blanc, & ils ont des baudriers de pareille étoffe, & des toques chargées de plumes blanches. Le Connétable ayant à ſes côtés les deux Huiſſiers de la Chambre portant leurs maſſes, ſe place ſur le ſiege qui lui eſt deſtiné derriere le Roi, & à quelque diſtance. Le Chancelier de France prend place derriere le Connétable, & à trois pieds de diſtance. Le Grand-Maître de la Maiſon du Roi, ayant ſon bâton de commandement à la main, ſe place ſur un banc qui eſt derriere le Chancelier, & ſur lequel le Grand-Chambellan de France ſe met à la droite, & le premier Gentilhomme de la Chambre à la gauche. Le Grand-Ecuyer de France demeure auprès & à la droite du Roi, & les quatre Chevaliers de l'Ordre du S.

Esprit nommés pour porter les offrandes, se placent dans les quatre premieres hautes stalles du Chœur du côté de l'Epître.

Arrivée de la sainte Ampoule.

Chacun ayant pris sa place, l'Archevêque présente de l'eau bénite au Roi, & à ceux qui ont leurs séances dans la cérémonie : on chante ensuite le *Veni, Creator,* après lequel les Chanoines commencent Tierce, & cet Office étant fini, la sainte Ampoule arrive à la porte de l'Eglise. (1)

Cette sainte Ampoule est portée de St. Remi en Procession par le Grand-Prieur de la même Abbaye, en Chape d'étoffe d'or, & monté sur un cheval blanc de l'écurie du Roi, que deux Maîtres Palefreniers de

(1) C'est une petite bouteille, qu'une tradition respectable & des Auteurs assez anciens, tels qu'Hincmar, Archevêque de Reims, qui vivoit au temps de Charlemagne, assurent avoir été apportée du Ciel par une colombe blanche pour le sacre de Clovis. La garde de ce saint dépôt est confiée à l'Abbaye de Saint-Remi de Reims, d'où on la transporte en l'Eglise Métropolitaine pour le sacre de nos Rois, & cette translation se fait avec beaucoup de cérémonie.

la grande écurie conduifent par les rênes,
& couvert d'une houffe d'argent richement brodée : ce Religieux eft fous un dais
de pareille étoffe, qui eft porté par quatre
Barons, dits Chevaliers de la fainte Ampoule, vêtus de fatin blanc, d'un manteau
de foie noire, & d'une écharpe de velours
blanc garnie de franges d'argent, avec la
Croix de Chevalier paffée au cou, & attachée à un ruban noir. Les Religieux Mi-
nimes, les Chanoines de l'Eglife Collé-
giale de Saint-Timothée & les Religieux
de l'Abbaye de Saint-Remi en Aubes, précedent le dais, devant lequel l'Aide des
Cérémonies marche immédiatement, &
devant le Grand-Prieur de l'Abbaye. Les
quatre Seigneurs nommés par Sa Majefté
pour conduire la fainte Ampoule, & dont
le rang a été réglé par le fort, marchent à
cheval aux quatre coins du dais, & ils font
précédés chacun de leur Ecuyer, portant
un Guidon chargé d'un côté des Armes
de France & de Navarre, & de l'autre de
celles de leurs Maifons.

L'Archevêque de Reims ayant été averti
par le Maître des Cérémonies de l'arrivée
de la fainte Ampoule, va à la porte de l'E-

D

glise, accompagné de ses assistants & avec les cérémonies accoutumées, la recevoir des mains du Grand-Prieur de l'Abbaye, qui, en la remettant à l'Archevêque, lui dit ces paroles : *Monseigneur, je mets entre vos mains ce précieux trésor envoyé du Ciel au grand saint Remi pour le sacre de Clovis & des Rois, ses Successeurs ; mais auparavant je vous supplie, selon l'ancienne coutume, de vous obliger à me la remettre entre les mains, après que le Sacre de notre Roi Louis XVI sera fait.* Ce que l'Archevêque lui promet en propres termes : après quoi ledit Grand-Prieur lui met la sainte Ampoule entre les mains, & le Chantre commence l'Antienne suivante.

O pretiosum munus ! ô pretiosa gemma ! quæ pro unctione Francorum Regum ministerio Angelico cœlitùs est emissa.	O présent précieux ! ô pierre précieuse ! qui avez été envoyée du ciel, par le ministere des Anges, pour sacrer les Rois de France.
℣. *Inveni David servum meum.*	℣. J'ai trouvé David, mon serviteur.
℟. *Oleo sancto meo unxi eum.*	℟. Je l'ai sacré de l'Huile sainte.

Pendant cette Antienne, l'Archevêque,

précédé de tous les Chanoines, rentre dans le Chœur, & va poser la sainte Ampoule sur l'Autel; le Roi & tous les assistants la saluent avec respect. Le Grand-Prieur & le Trésorier de l'Abbaye vont prendre place au côté droit de l'Autel, pour y rester pendant toute la cérémonie, & les quatre Barons vont se placer dans les quatre premieres stalles des Chanoines, du côté de l'Evangile: leurs Ecuyers se placent dans les basses vis-à-vis d'eux, & tenant toujours leurs Guidons à la main.

L'Antienne étant achevée, l'Archevêque, après qu'on lui a ôté la Mitre, dit l'Oraison suivante:

P R I O N S.

Dieu tout-puissant & éternel, qui, par un effet de votre bonté, avez voulu que la Race des Rois de France reçût l'Onction sainte, avec le Baume qui est ici présent, & que vous avez envoyé du ciel au saint Evêque Remi; faites que notre Roi, votre serviteur, ne s'écarte jamais de votre service, & qu'il soit délivré, par votre mi-

O R E M U S.

OMnipotens sempiterne Deus, qui pietatis tuæ dono, genus Regum Francorum Oleo perungi decrevisti; præsta, quæsumus, ut famulus tuus Rex noster, perunctus hâc sacrâ & præsenti unctione, sancto Pontifici Remigio emissa divinitùs, & in tuo servitio semper diri-

D 2

gatur, & ab omni in- séricorde, de toute infir-
firmitate misericordi- mité. Par notre Seigneur.
ter liberetur. Per.

Après cette Oraison, les Chanoines commencent Sexte, & pendant ce temps-là, l'Archevêque de Reims va derriere le Grand-Autel se revêtir de tous les Ornements pour dire la Messe : il en revient, précédé de douze Chanoines procédants & assistants, dont les six Diacres sont vêtus de Dalmatiques & les six Sous-Diacres de Tuniques, tous marchant deux à deux, ensuite l'Archevêque officiant précédé de sa Crosse, & assisté de deux Chanoines en Chapes.

Les procédants & assistants Chanoines prennent ordinairement place sur deux bancs derriere les quatre Evêques qui doivent chanter les Litanies.

L'Archevêque ayant fait la révérence à l'Autel & au Roi, va s'asseoir sur sa chaise devant l'Autel, deux Evêques demeurant sur leurs sieges à ses côtés.

Promesses & Sermens du Roi.

Le même Archevêque s'approche en-suite du Roi, & lui fait la requête suivan-

te pour toutes les Eglises de France qui lui
sont sujettes.

Demande de M. l'Archevêque de Reims au Roi, pour l'Eglise.

NOus vous demandons
que vous accordiez à
chacun de nous, & aux
Eglises qui nous sont confiées, la conservation des
privileges canoniques, ses
droits & sa jurisdiction, &
que vous vous chargiez de
notre défense, comme un
Roi le doit à chaque Evê-
que & à l'Eglise qui lui est
confiée.

A Vobis perdona-
ri petimus, ut
unicuique de nobis,
& Ecclesiis nobis com-
missis, canonicum pri-
vilegium, & debitam
legem, atque justi-
tiam conservetis, &
defensionem exhibea-
tis, sicut Rex in suo
regno debet unicuique
Episcopo, & Ecclesia
sibi commissa.

Alors le Roi, sans se lever de son siege
& la tête couverte, répond ainsi :

Promesse du Roi.

JE vous promets de con-
server à chacun de vous,
& aux Eglises qui vous
sont confiées, les privileges canoniques, ses droits
& sa jurisdiction, & de

PRomitto vobis &
perdono, quod
unicuique de vobis,
& Ecclesiis vobis com-
missis, canonicum pri-
vilegium, & debitam

D 3

legem , atque justi-
tiam servabo, & de-
fensionem , quantùm
potero, adjuvante Do-
mino , exhibebo , sicut
Rex in suo regno uni-
cuique Episcopo , &
Ecclesia sibi commis-
sæ , per rectum exhi-
bere debet.

vous protéger & défen-
dre autant que je le pour-
rai, avec le secours de
Dieu, comme un Roi est
obligé de le faire dans
son Royaume pour cha-
que Evêque, & l'Eglise
qui lui est confiée (1).

Le Roi ayant fait cette promesse, les
Evêques de Laon & de Beauvais soulevent
Sa Majesté de son fauteuil, & étant debout, ils demandent, selon l'ancienne for-
malité, aux Seigneurs assistants & au Peuple, s'ils acceptent Louis XVI pour leur
Roi ; & leur consentement reçu par un
respectueux silence, l'Archevêque de

_____

(1) Le Roi de France est la premiere personne Ecclésiasti-
que de son Royaume. En vertu de son Sacre , & comme tel ,
il promet de maintenir les Libertés de l'Eglise Gallicane ,
& d'en protéger les Evêques & autres Ecclésiastiques dans
la jouissance de leurs Jurisdictions, droits & privileges.
C'est ce qui a fait dire à Jean Juvenal des Ursins , Archevêque de Reims , à Chartres en 1398, que le Roi peut
présider au Concile de son Eglise de France, & de l'avis
des Prélats, des Princes du Sang & du Concile , conclure
au fait des libertés & franchises de son Eglise , & en faire
Loi , Ordonnance & Pragmatique, & les faire observer par
toutes voies dues & raisonnables.

Reims préfente au Roi le ferment du
Royaume, lequel Sa Majefté, étant affife,
& tête couverte, prête tout haut en Latin, & tenant les mains fur le Livre des
faints Evangiles. Voici les termes de ce
ferment:

Serment du Roi.

JE promets, au nom de
Jéfus-Chrift, au peu-
ple Chrétien qui m'eft fou-
mis :

Premiérement, de faire
conferver en tout temps
à l'Eglife de Dieu, la paix,
par le peuple Chrétien.

D'empêcher toutes ra-
pines & iniquités, de
quelque nature qu'elles
foient.

De faire obferver la juf-
tice & la miféricorde dans
les jugements ; afin que
Dieu, qui eft la fource de
la clémence & de la mifé-
ricorde, daigne la répan-
dre fur moi & fur vous
auffi.

*HÆc populo Chri-
ftiano, & mihi
fubdito, in Chrifti pro-
mitto nomine :*

*In primis, ut Ec-
clefia Dei omnis po-
pulus Chriftianus ve-
ram pacem, noftro ar-
bitrio, in omni tem-
pore fervet.*

*Item, ut omnes ra-
pacitates, & omnes
iniquitates, omnibus
gradibus interdicam.*

*Item, ut in omni-
bus judiciis æquitatem
& mifericordiam præ-
cipiam ; ut mihi &
vobis indulgeat fuam
mifericordiam clemens
& mifericors Deus.*

D 4

Item, *de terra mea,
ac jurifdictione mihi
fubditâ, univerfos Hæ-
reticos ab Ecclefia de-
notatos pro viribus
bonâ fide exterminare
ftudebo ; hæc omnia
fupra dicta firmo ju-
ramento : fic me Deus
adjuvet, & hæc fanc-
ta Dei Evangelia.*

D'exterminer entière-
ment de mes Etats tous
les Hérétiques condam-
nés, nommément par l'E-
glife ; (1) toutes lefquelles
chofes ci-deffus dites, je
confirme par ferment :
qu'ainfi Dieu & fes faints
Evangiles me foient en
aide (2).

---

(1) Cette promeffe d'extirper les Hérétiques, n'a été en ufage que depuis le Concile de Latran en 1215.

(2) Le ferment que le Roi fait aujourd'hui à fes Sujets, eft différent de celui d'autrefois : car il promettoit alors de conferver & défendre la fouveraineté, les droits & la prééminence de la Couronne de France, & de ne les tranf-porter, ni aliéner : *Superioritatem, jura, & nobilitates Coronæ Franciæ inviolabiliter euftodiam, & illa nec tranf-portabo nec alienabo.* C'eft ainfi que fe font exprimés les Rois jufqu'au Couronnement de Charles VIII, en 1484. C'eft ainfi que s'expriment encore les Empereurs & les Rois de Hongrie, de Boheme, de Pologne, d'Angleterre, &c. Mais depuis ce temps-là on a trouvé cette promeffe inuti-le, parce que c'eft une fuite néceffaire des autres promef-fes qui ne pourroient fortir leur effet, fi le Roi tranfpor-toit fes Sujets à quelque autre Souverain. Il y a des Rois qui ont fait rédiger leur ferment par écrit, & l'ont figné. Louis XI envoya au Parlement de Paris, dans le mois d'Avril 1482, le ferment qu'il avoit prêté à fon Sacre, ordonnant qu'il y fût enrégiftré, & exhortant le Parle-ment à l'acquitter du contenu de ce ferment, en rendant bonne juftice à fes Sujets. Henri IV figna de fa propre

Après ce ferment, le Roi prononce celui de Chef & fouverain Grand-Maître de
l'Ordre du Saint-Efprit, en ces termes :

» Nous, Louis, par la grace de Dieu,
» Roi de France & de Navarre, jurons &
» vouons folemnellement en vos mains, à
» Dieu le Créateur, de vivre & mourir en
» fa fainte foi & Religion Catholique,
» Apoftolique & Romaine, comme à un
» bon Roi Très-Chrétien appartient, &
» plutôt mourir que d'y faillir; de main-
» tenir à jamais l'Ordre du Saint-Efprit,
» fondé & inftitué par le Roi Henri III,
» fans jamais le laiffer décheoir, amoin-
» drir, ni diminuer tant qu'il fera en no-
» tre pouvoir; obferver les Statuts & Or-
» donnances dudit Ordre entiérement,
» felon leur forme & teneur, & les faire
» exactement obferver par tous ceux qui
» font & feront ci-après reçus audit Or-
» dre, & par exprès ne contrevenir ja-
» mais, ni difpenfer, ou effayer de chan-

___

main celui qu'il prêta à fon Sacre, & le fit fouffigner par
Baulieu Ruzé, Secrétaire de fes commandements, & le
Roi en fit donner copies pour être dépofées dans les Ar-
chives de l'Evêché, dans celles du Chapitre, & à l'Hôtel-
de-Ville de Chartres.

» ger, ou innover les Statuts irrévocables
» d'icelui. «

Savoir, le Statut parlant de l'union
de la Grande-Maîtrise à la Couronne de
France; celui contenant le nombre des
Cardinaux, Prélats, Commandeurs &
Officiers; celui de ne pouvoir transférer
la provision des Commandes, en tout ou
en partie, à aucun autre, sous couleur d'a-
panage ou concession qui puisse être. *Item*,
celui par lequel nous nous obligeons, autant qu'à nous est, de ne pouvoir jamais
dispenser les Commandeurs & Officiers,
reçus en l'Ordre, de communier & recevoir le précieux Corps de notre Seigneur
Jésus Christ, aux jours ordonnés; comme
semblablement celui par lequel il est dit,
que nous, & tous Commandeurs & Officiers, ne pourront être autres que Catholiques, Gentilhommes de trois races
paternelles, ceux qui le doivent être.
Item, celui par lequel nous nous ôtons tout
pouvoir d'employer ailleurs les deniers af-
fectés au revenu & entretenement desdits
Commandeurs & Officiers, pour quelque
cause & occasion que ce soit; & pareillement celui auquel est contenu la forme

des vœux & obligations de porter toujours
la Croix aux habits ordinaires, avec celle
d'or au col, pendante à un ruban de soie
de couleur bleu céleste, & l'habit aux jours
destinés. Ainsi le jurons, **vouons & pro-**
mettons sur la sainte vraie Croix, & le
saint Evangile touchés.

Le Roi prononce ensuite le serment de
Chef & souverain Grand-Maître de l'Ordre Militaire de Saint-Louis, en ces termes :

» Nous jurons solemnellement en vos
» mains, à Dieu le Créateur, de mainte-
» nir à jamais l'Ordre Militaire de Saint-
» Louis, fondé & institué par le Roi Louis
» XIV, de glorieuse mémoire, notre très-
» honoré Seigneur, & par nous confirmé,
» sans jamais le laisser déchoir, amoin-
» drir, ni diminuer tant qu'il sera en no-
» tre pouvoir, observer & faire observer
» les Statuts & Ordonnances dudit Ordre ;
» savoir, le Statut d'union de la Grande-
» Maîtrise à la Couronne de France, ce-
» lui par lequel il est dit, que tous Grand-
» Croix, Commandeurs, Chevaliers &
» Officiers ne pourront être autres que
» Catholiques, Apostoliques & Romains,

» & de n'employer ailleurs les deniers af-
» fectés aux revenus, entretenement &
» penfions defdits Grand-Croix, Com-
» mandeurs, Chevaliers & Officiers, pour
» quelques caufes & occafions que ce foit,
» & de porter la Croix d'or pendante à un
» ruban de foie couleur de feu : ainfi le ju-
» rons & promettons fur la fainte vraie
» Croix & le faint Evangile touchés. «

Enfin le Roi prononce le ferment de
l'obfervation de l'Edit contre les duels,
en ces termes :

» Nous, en conféquence des Edits des
» Rois, nos Prédéceffeurs, regiftrés en
» notre Cour de Parlement contre les
» duels, voulant fuivre fur-tout l'exem-
» ple de Louis XIV, de glorieufe mémoi-
» re, qui jura folemnellement au jour de
» fon Sacre & Couronnement l'exécution
» de fa Déclaration donnée dans le Lit de
» Juftice qu'il tint le feptieme jour de Sep-
» tembre 1651.

» A cette fin nous jurons & promettons
» en foi & parole de Roi, de n'exempter
» à l'avenir aucune perfonne pour quel-
» que caufe & confidération que ce foit,
» de la rigueur des Edits rendus par Louis

» XIV en 1651, 1669 & 1679, qu'il ne
» fera par nous accordé aucune grace ou
» abolition à ceux qui fe trouveront pré-
» venus defdits crimes de duels, ou ren-
» contres préméditées ; que nous n'au-
» rons aucun égard aux follicitations de
» quelque Prince ou Seigneur qui inter-
» cédera pour les coupables defdits cri-
» mes : proteftant que, ni en faveur d'au-
» cun mariage de Prince ou Princeffe de
» notre Sang, ni pour les naiffances de
» Dauphin & Princes qui pourront arriver
» durant notre regne, ni pour quelque
» autre confidération générale & particu-
» liere que ce puiffe être, nous ne permet-
» trons, fciemment, être expédiées au-
» cunes lettres contraires aux fufdites Dé-
» clarations ou Edits ; afin de garder in-
» violablement une foi fi chrétienne, fi
» jufte & fi néceffaire : ainfi Dieu me foit
» en aide & fes faints Evangiles. «

Bénédiction des Ornemens Royaux.

Pendant ce temps-là les habits & orne-
mens Royaux dont le Roi doit être paré
en fon Sacre, font mis fur l'Autel ; fa-

voir, la grande Couronne Impériale de
Charlemagne, la moyenne, l'Epée, le
Sceptre, la Main de Justice, les Eperons,
& le Livre de la Cérémonie. Les habits
pour le Sacre sont, une Camisole de satin rouge, garnie d'or, une Tunique &
une Dalmatique, qui représentent les Ordres de Diacre & Sous-Diacre, des Bottines, & un grand Manteau Royal de velours bleu, semé de fleurs de lis d'or, doublé d'hermine.

Après que le Roi a fait tous ces serments, l'Archevêque de Reims retourne
à l'Autel, au pied duquel le Roi est conduit par les Evêques de Laon & de Beauvais; & là étant debout, le premier Gentilhomme de la Chambre lui ôte la robe
longue de toile d'argent, qu'il remet entre les mains du premier Valet-de-Chambre, & le Grand-Ecuyer ayant reçu la Toque des mains de Sa Majesté, la remet
entre les mains du premier Valet de la
Garde-robe, & le Roi reste debout, la tête
découverte, & vêtu seulement de sa Camisole de satin. Aussi-tôt l'Archevêque dit
les Prieres suivantes :

℣. *Adjutorium nos-*   ℣. Notre secours est

dans le nom du Seigneur.

℞. Qui a fait le ciel & la terre.

℣. Que le nom du Seigneur soit béni.

℞. Maintenant & dans tous les siecles.

℣. Que le Seigneur soit avec vous.

℞. Et avec votre esprit.

PRIONS.

O Dieu, qui êtes l'auteur ineffable du monde, le Créateur du genre humain, qui gouvernez les Empires, & qui en êtes le soutien ; qui avez choisi dans la race d'Abraham, notre Patriarche, votre fidele ami, un Roi qui devoit faire le bonheur des siecles à venir, comblez de vos bénédictions, par l'intercession de tous les Saints, votre serviteur Louis ici présent, avec l'élite de ses armées, & affermissez-le sur le

trum in nomine Domini.

℞. *Qui fecit cœlum & terram.*

℣. *Sit nomen Domini benedictum.*

℞. *Ex hoc nunc & usque in saculum.*

℣. *Dominus vobiscum.*

℞. *Et cum spiritu tuo.*

OREMUS.

D Eus inenarrabilis auctor mundi, conditor generis humani, gubernator imperii, confirmator regni, qui ex utero fidelis amici tui Patriarcha nostri Abraha praelegisti regem saculis profuturum, tu praesentem regem hunc Ludovicum cum exercitu suo per intercessionem omnium Sanctorum uberi bene † dictione locupleta, & in solium regni firma sta-

bilitate connecte : vi-
sita eum sicut Moysen
in rubro, Jesum Nave
in prælio, Gedeon in
agro, Samuelem in
templo, & illa eum
bene † dictione sidereâ
ac sapientiæ tuæ rore
perfunde, quam bea-
tus David in Psalte-
rio, Salomon filius
ejus, te remunerante
percepit è cœlo. Sis ei
contra acies inimico-
rum lorica, in adversis
galea, in prosperis pa-
tientia, in protectione
clypeus sempiternus.
Et præsta, ut gentes
illi teneant fidem, pro-
ceres sui habeant pa-
cem, diligant chari-
tatem, abstineant à cu-
piditate, loquantur
justitiam, custodiant
veritatem. Et ita po-
pulus iste pullulet,
coalitus bene†dictione
æternitatis, ut semper
maneant tripudiantes
in pace victores. Quod

Trône. Visitez-le de vô-
tre présence comme vous
avez visité Moïse dans le
buisson ardent, Josué,
fils de Navé, dans le combat, Gédéon au milieu
d'un champ, Samuel dans
le Temple. Envoyez d'en-
haut sur lui cette rosée de
votre bénédiction céleste
qui donne la sagesse ; cette
bénédiction que le saint
Roi David a reçue du ciel,
en composant ses Pseau-
mes, ainsi que l'a reçue
Salomon, son fils. Soyez
pour lui sa cuirasse contre
les armées de ses ennemis,
son casque dans l'adversité, sa modération dans la
prospérité, & son bouclier
pour le protéger à jamais :
faites en sorte que ses Sujets lui gardent la fidélité,
que les Grands de son
Royaume vivent en paix,
qu'ils aiment la charité,
qu'ils s'abstiennent de la
cupidité, que la justice
soit dans leur bouche,
qu'ils gardent la vérité ;

&

& que fon peuple , nourri
de vos bénédictions , fe
multiplie de plus en plus ,
& que , fupérieur à fes
ennemis, il goute les douceurs de la paix : que celui
qui regne avec vous dans la fuite des fiecles, daigne lui accorder cette grace. Ainfi foit-il.

*ipfe præftare dignetur,
qui tecum & cum Spi-
ritu fanĉto fine fine
permanet in fæcula fæ-
culorum. Amen.*

Après cette Oraifon , on apporte le fauteuil du Roi devant celui de l'Archevêque
de Reims ; & Sa Majefté s'y étant affife, le
Grand-Chambellan vient lui chauffer les
bottines de velours, qu'on nomme auffi
fandales. Le Prince repréfentant le Duc
de Bourgogne , premier Pair , lui met les
éperons d'or , qui ont été apportés de l'Abbaye de S. Denis, & il les lui ôte tout de
fuite.

Bénédiction de l'Epée.

Après quoi le Roi s'étant mis debout,
l'Archevêque fait la bénédiction de l'Epée
de Charlemagne, laquelle eft en ce moment dans le fourreau, en difant l'Oraifon fuivante :

PRIONS.

EXaucez nos prieres,
Seigneur, & daignez
bénir de votre main cette

OREMUS.

EXaudi, quæfumus,
Domine , preces
noftras ; & hunc gla-

E.

dium, quo famulus suus Ludovicus se accingi desiderat, majestatis tuæ dextera bene † dicere dignare, quatenus defensio atque protectio possit esse Ecclesiarum, viduarum, orphanorum, omniumque Deo servientium, contra sævitiam paganorum, aliisque insidiantibus sit pavor, terror & formido. Per Dominum nostrum Jesum Christum, &c.

Epée, dont votre serviteur Louis veut être ceint ; afin qu'elle puisse lui servir à défendre & à protéger les Eglises, les veuves, les orphelins, & tous vos serviteurs, contre la méchanceté des Infideles : que cette Epée inspire la crainte & la terreur à quiconque osera tendre des pieges à notre Roi. Par notre Seigneur Jésus-Christ, votre Fils, qui, étant Dieu, vit & regne avec vous en l'unité du Saint-Esprit, &c.

Cette bénédiction faite, il ceint l'Epée au Roi, & la lui ôte en même-temps, puis l'ayant tirée du fourreau, qu'il laisse sur l'Autel, il dit la Priere suivante :

Accipe hunc gladium, cum Dei bene † dictione tibi collatum, in quo per virtutem Spiritûs sancti resistere & rejicere omnes inimicos tuos valeas, & cunctos sanctæ Dei Ecclesiæ adversa-

PRenez cette épée, qui vous est donnée avec la Bénédiction du Seigneur ; afin que par elle & par la force de l'Esprit-Saint, vous puissiez résister à tous vos ennemis, & les surmonter, protéger & défendre la sainte Eglife, le Royaume qui vous est confié, & le camp du Seigneur, par le secours de Jésus-Christ, le triomphateur invincible. Prenez, dis-je, cette épée de nos mains, lesquelles ont été consacrées par l'autorité des saints Apôtres, & dont nous vous avons ceint, ainsi qu'on en ceint les Rois, & qui bénite par notre ministere, est destinée de Dieu pour la défense de sa sainte Eglise. Souvenez-vous de celui dont le Prophete David a parlé ainsi dans ses Pseaumes : O vous qui êtes le fort d'Israël ! prenez votre épée, & disposez-vous au combat ; afin que par son secours, vous exerciez la justice, vous brisiez la mâchoire des injustes ; que vous protégiez & défendiez la sainte Eglise de Dieu & ses enfants ; que vous n'ayez pas moins d'horreur pour les ennemis secrets du nom Chré-

rios, Regnumque tibi commissum tutari, atque protegere castra Dei, per auxilium invictissimi triumphatoris Domini nostri Jesu Christi : accipe, inquam, hunc gladium per manus nostras, vice & auctoritate sanctorum Apostolorum consecratas, tibi regaliter impositum, nostraque bene † dictionis officio, in defensionem sanctæ Dei Ecclesiæ ordinatum divinitùs ; & esto memor de quo Psalmista prophetavit, dicens : Accingere gladio tuo super femur tuum, potentissime : ut in hoc per eundem vim æquitatis exerceas, molam iniquitatis potenter destruas, & sanctam Dei Ecclesiam ejusque fideles propugnes ac protegas : nec minùs sub fide falsos, quàm Christia-

E 2

ni nominis hoftes exe-
creris ac deftruas, vi-
duas ac pupillos cle-
menter adjuves ac de-
fendas, defolata ref-
taures, reftaurata con-
ferves, ulcifcaris injuf-
ta, confirmes bene dif-
pofita : quatenùs hæc
in agendo virtutum
triumpho gloriofus,
juftitiaque cultor egre-
gius, cum mundi Sal-
vatore, cujus typum
geris in nomine, fine
fine merearis regnare,
qui cum Deo Patre &
Spiritu fanðto, vivit
& regnat Deus, per
omnia fæcula fæculo-
rum. Amen.

tien, que pour ceux qui
le font ouvertement, &
que vous travailliez à les
perdre ; que vous proté-
giez avec bonté les veuves
& les orphelins ; que vous
répariez les défordres ; que
vous conferviez ce qui a
été rétabli ; que vous pu-
niffiez l'injuftice ; que
vous affermiffiez tout ce
qui a été mis dans l'or-
dre ; afin que couvert de
gloire par la pratique de
toutes ces vertus, & fai-
fant regner la juftice, vous
méritiez de regner avec
celui dont vous êtes l'image, & qui regne avec le
Pere & le St. Efprit, dans
les fiecles des fiecles. Ainfi
foit-il.

Après cette Priere, l'Archevêque remet l'Epée toute nue entre les mains de
Sa Majefté, & le Chœur chante l'Antienne
fuivante.

Confortare, & efto
vir, & obferva cufto-
dias Domini Dei tui,

Armez-vous de force, &
foyez un homme de cœur :
gardez les loix du Seigneur

votre Dieu : marchez dans ses voies : obfervez ses préceptes, ses ordonnances & ses jugements, & que Dieu soit votre appui en quelque circonftance que vous soyez.

ut ambules in viis ejus, & cuſtodias cerimonias ejus & præcepta ejus, & teſtimonia & judicia, & quocumque te verteris confirmet te Deus.

Et dans le temps que le Roi tient l'Epée la pointe élevée, l'Archevêque dit l'Oraiſon ſuivante.

PRIONS.

O Dieu, qui réglez avec ſageſſe tout ce qui ſe paſſe dans le ciel & ſur la terre, ſoyez propice envers notre Roi Très-Chrétien : que toute la force de ſes ennemis ſoit briſée par la vertu de votre glaive ſpirituel : combattez pour lui, & ils ſeront entiérement détruits. Par.

OREMUS.

DEus, qui providentiâ cœleſtia ſimul & terrena dominaris, propitiare Chriſtianiſſimo Regi noſtro : & omnis hoſtium ſuorum fortitudo virtute gladii ſpiritualis frangatur, ac te pro illo pugnante, penitùs conteratur. Per.

Le Roi, après avoir tenu l'Epée quelque temps, la baiſe, l'offre à Dieu, en la poſant ſur l'Autel. L'Archevêque la reprend, la remet entre les mains du Roi. Sa Majeſté la reçoit à genoux, & la dé-

E 3

pofe entre les mains du Seigneur qui fait
la fonction de Connétable : celui-ci la tient
la pointe levée pendant toute la cérémonie du Sacre & du Couronnement, &
pendant le Feftin royal. Cependant le Roi
demeure à genoux, & l'Archevêque dit,
pour Sa Majefté, les Oraifons fuivantes.

OREMUS.

Rofpice, omnipo-
tens Deus, fere-
nis obtutibus hunc glo-
riofum Regem Ludo-
vicum : & ficut benedi-
xifti Abraham, Ifaac
& Jacob, fic illum lar-
gis benedictionibus fpi-
ritualis gratiæ eum om-
ni plenitudine tua po-
tentia irrigare, atque
perfundere dignare.
Tribue ei de rôre cœli
& de pinguedine terræ
abundantiam frumen-
ti, vini & olei ; & om-
nium frugum opulen-
tiam ex largitate divi-
ni muneris longa per
tempora, ut illo re-
gnante fit fanitas cor-

PRIONS.

JEttez, Seigneur, des re-
gards favorables fur vo-
tre ferviteur Louis, qui eft
ici tout environné de l'é-
clat de la Royauté : & comme vous avez béni Abra-
ham, Ifaac & Jacob, dai-
gnez le combler des béné-
dictions de votre grace
fpirituelle, & revêtez-le
de la plénitude de votre
puiffance. Que la rofée du
ciel & la graiffe de la terre
procure dans fes Etats une
abondance de bled, de vin
& d'huile, & que par vos
divines largeffes, la terre
foit couverte de toutes fortes de fruits pendant de
longues années ; afin que
fous fon regne les Peuples

jouissent de la santé ; que la paix regne dans le royaume ; que la splendeur de la puissance royale éclate dans le palais de nos Rois ; qu'elle brille aux ieux de tous avec la vivacité éblouissante des éclairs. Faites qu'il soit le puissant protecteur de la Patrie, le consolateur des Eglises & des saints Monasteres ; qu'ils se ressentent de sa piété & de ses libéralités royales ; qu'il soit le plus puissant des Rois ; qu'il triomphe de ses ennemis ; qu'il assujettisse les nations rebelles & idolâtres ; que la force de sa puissance royale le rende la terreur de ses ennemis ; qu'il se plaise à répandre ses graces sur les Grands de son Royaume ; qu'il s'en fasse aimer, & qu'il les aime à son tour, afin qu'il soit craint & chéri de tous ; que dans le cours des tems, il naisse de lui des successeurs à son Trône : enfin, qu'il soit digne de gouver-

poris in patriâ, & pax inviolata fit in regno & dignitas gloriosa regalis palatii maximo splendore regiæ potestatis oculis omnium fulgeat, luce clarissimâ coruscare, atque splendere, quasi splendidissima fulgura maximo perfusâ lumine videatur. Tribue ei, omnipotens Deus, ut fit fortissimus protector patriæ, & consolator Ecclesiarum, atque Cœnobiorum sanctorum maxima cum pietate regalis munificentiâ, atque ut fit fortissimus regum, triumphator hostium ad opprimendas rebelles & paganas nationes. Sitque suis inimicis satis terribilis præ maxima fortitudine regalis potentiâ, optimatibus quoque, ac præcelsis proceribus, ac fidelibus sui regni fit munificus

& *amabilis & pius, ut ab omnibus timeatur, atque diligatur : Reges quoque de lumbis ejus per successiones temporum futurorum egrediantur. Regnum hoc regere totum, & post gloriosa tempora, atque felicia præsentis vitæ gaudia, sempiterna in perpetua beatitudine habere mereatur. Quod ipse præstare digneris, qui cum unigenito Filio tuo Domino nostro Jesu Christo & Spiritu sancto vivis & regnas Deus, per omnia sæcula sæculorum. Amen.*

ner sagement ses Etats, & qu'après un regne glorieux & les douceurs de la vie présente, il mérite de jouir de celles de la béatitude éternelle. Daignez lui accorder cette grace, vous qui regnez avec votre Fils Jésus-Christ & le S. Esprit dans les siecles des siecles. Ainsi soit-il.

OREMUS.

BEnedic, † Domine, quæsumus, hunc Principem nostrum, quem ad salutem populi nobis à te credimus esse concessum. Fac eum esse annis multiplicem, vigenti atque salubri corporis robore vigentem, & ad senectutem atque demum ad finem pervenire felicem. Sit nobis fiducia,

PRIONS.

BÉnissez, Seigneur, notre Prince; & dans la confiance où nous sommes que vous nous l'avez donné pour le bien de votre peuple, donnez-lui une longue vie, une santé vigoureuse: qu'il arrive à une heureuse vieillesse & enfin au bonheur éternel. Nous espérons qu'il obtiendra pour son peuple, la même grace qu'a obtenue Aaron dans le Tabernacle, Elisée sur le fleuve, Ezéchias dans son lit, & Zacharie chargé d'années dans le Temple. Faites qu'il gouverne son royaume avec la même force & la même autorité que Josué eut dans le camp, Gédéon dans le combat, Pierre en recevant les clefs, Paul dans la prédication de l'Evangile; & que par le soin des Pasteurs, il procure le bien de votre troupeau avec le même succès qu'Isaac recueillit les fruits de la terre, & que Jacob vit multiplier ses troupeaux. Daignez lui accorder cette grace, vous qui étant Dieu, vivez & regnez avec votre Fils unique Jésus-Christ & le S. Esprit, dans tous les siecles des siecles. Ainsi soit-il.

eum obtinere gratiam pro populo, quam Aaron in Tabernaculo, Eliseus in fluvio, Ezechias in lectulo, Zacharias vetulus impetravit in Templo. Sit illi regendi virtus atque auctoritas, qualem Josue suscepit in castris, Gedeon sumpsit in praliis, Petrus accepit in clave, Paulus est usus in dogmate, & ita Pastorum curâ tuum proficiat in ovile, sicut Isaac profecit in fruge, & Jacob dilatatus est in grege. Quod ipse prastare digneris, qui cum unigenito Filio tuo Domino nostro Jesu Christo & Spiritu sancto vivis & regnas Deus, per omnia sacula saculorum. Amen.

PRIONS.

QUe Dieu le Pere, qui regne éternellement, soit votre aide & votre

OREMUS.

DEus Pater aterna gloria sit adjutor tuus & protector,

& omnipotens bene†dicat tibi, preces tuas in cunctis exaudiat, & vitam tuam longitudine dierum adimpleat. Thronum regni tui jugiter firmet, & gentem populumque tuum in æternum conservet, & inimicos tuos confusione induat, & super te sanctificatio Christi floreat, ut qui tribuit in terris imperium, ipse in cœlis conferat præmium, qui vivit & regnat trinus & unus Deus per omnia secula seculorum. Amen.

protecteur : que le Tout-puissant vous bénisse ; qu'il exauce vos prieres en toutes choses, & qu'il vous accorde une longue suite de jours ; qu'il affermisse de plus en plus votre Trône ; qu'il conserve à jamais votre nation & votre peuple ; qu'il couvre de confusion vos ennemis ; que Jésus-Christ soit sanctifié en vous ; afin que celui qui vous a donné sur la terre un Empire, vous donne dans le ciel une récompense éternelle : lui qui dans l'unité de substance est Dieu en trois Personnes, dans tous les siecles des siecles. Ainsi soit-il.

Préparation du saint Chrême.

Ces Oraisons étant finies, l'Archevêque de Reims met sur le milieu de l'Autel la Patene d'or du Calice de saint Remi ; & le Grand-Prieur de Saint-Remi ayant ouvert la sainte Ampoule, la donne à l'Archevêque, lequel, avec une aiguille d'or que lui présente le Grand-Prieur, tire de cette sainte Ampoule la grosseur d'un grain de froment de cette huile précieuse, il la met sur la Patene : puis ayant rendu la sainte Ampoule au Grand-Prieur, il prend, avec la même aiguille d'or, du saint Chrême, & le mêle avec cette huile.

Pendant ce temps-là, le Chœur chante le Répons & le Verset suivant.

LE saint Evêque Remi ayant reçu du ciel ce précieux baume, sanctifia l'illustre race des François dans les eaux du Baptême, & les enrichit du don du Saint-Esprit.	GEntem Francorum inclytam, simul cum Rege nobili, beatus Remigius sumpto cælitùs Chrismate, sacro sanctificavit gurgite, atque Spiritûs sancti plenè ditavit munere.
℣. Ce fut par une grace singuliere qu'une colombe, qui lui apparut, apporta du ciel à ce saint Prélat ce baume divin.	℣. Qui dono singularis gratia in columba apparuit, & divinum Chrisma cælitùs Pontifici ministravit.

Après ce Répons, l'Archevêque de Reims se tourne vers l'Autel, & sans Mitre, il dit le Verset & l'Oraison de S. Remi.

℣. Priez pour nous, bienheureux Remi.	℣. Ora pro nobis, beate Remigi.

℣. *Ut digni effi-ciamur promissionibus Christi.*

℟. Afin que nous soyons dignes des promesses de Jésus-Christ.

OREMUS.

DEus, qui populo tuo æterna salutis beatum Remigium Ministrum tribuisti ; præsta, quæsumus, ut quem Doctorem vitâ habuimus in terris, intercessorem semper habere mereamur in cœlis. Per Christum.

PRIONS.

SEigneur, qui avez donné le bienheureux Remi à votre peuple pour le Ministre de son salut, faites que nous ayons pour intercesseur dans le ciel celui que nous avons eu pour Docteur sur la terre. Par Jésus-Christ notre Seigneur.

Après cette Oraison, le Roi se prosterne devant l'Autel, sur un long carreau de velours violet, semé de fleurs de lis d'or. En même-temps l'Archevêque de Reims se prosterne à sa droite, & les Evêques de Laon & de Beauvais se tiennent debout aux deux côtés de Sa Majesté. Alors les quatre Evêques nommés pour chanter les Litanies suivantes, les entonnent, & le Chœur y répond.

Litanies & Oraisons avant le Sacre.

LES ÉVÊQUES.

SEigneur , ayez pitié de nous.   KYrie, eleison.

LE CHŒUR.

Seigneur , ayez pitié de nous.   Kyrie , eleison.

Jésus - Christ , ayez pitié de nous.   Christe , eleison.

Seigneur , ayez pitié de nous.   Kyrie , eleison.

Jésus - Christ , écoutez-nous.   Christe , audi nos.

LE CHŒUR.

Jésus - Christ , exaucez-nous.   Christe , exaudi nos

LES ÉVÊQUES.

Sainte Marie ,   Sancta Maria ,

LE CHŒUR.

Priez pour nous.   Ora pro nobis.

LES ÉVÊQUES.

Saint Michel ,   Sancte Michael ,
Saint Gabriel ,   Sancte Gabriel ,
Saint Chœur des An-ges ,   Sancte Chorus Angelorum ,
Saint Jean-Baptiste ,   Sancte Joannes Baptista ,

Priez.   Ora pro nobis.

Sancte Petre,	Saint Pierre,
Sancte Paule,	Saint Paul,
Sancte Andrea,	Saint André,
Sancte Jacobe,	Saint Jacques,
Sancte Joannes,	Saint Jean,
Sancte Thoma,	Saint Thomas,
Sancte Philippe,	Saint Philippe,
Sancte Jacobe,	Saint Jacques,
Sancte Bartholo-mae,	Saint Barthelemi,
Sancte Matthae,	Saint Matthieu,
Sancte Simon,	Saint Simon,
Sancte Thadee,	Saint Thadée,
Sancte Mathia,	Saint Mathias,
Sancte Barnaba,	Saint Barnabé,
Sancte Chorus Apo-stolorum,	Saint Chœur des An-ges,
Sancte Stephane,	Saint Etienne,
Sancte Clemens,	Saint Clément,
Sancte Calixte,	Saint Calixte,
Sancte Marcelle,	Saint Marcel,
Sancte Nicasi cum sociis tuis,	Saint Nicaise avec vos Compagnons,
Sancte Maurici cum sociis tuis,	Saint Maurice avec vos Compagnons,
Sancte Gervasi,	Saint Gervais,
Sancte Protasi,	Saint Protais,
Sancte Timothae,	Saint Timothée,
Sancte Apollinaris,	Saint Appollinaire,
Sancte Chorus Mar-tyrum,	Saint Chœur des Mar-tyrs,

Ora pro nobis.   *Priez pour nous.*

Saint Sylvestre,	*Sancte Sylvester,*
Saint Remi,	*Sancte Remigi,*
Saint Augustin,	*Sancte Augustine,*
Saint Jérôme,	*Sancte Hieronyme,*
Saint Ambroise,	*Sancte Ambrosi,*
Saint Grégoire,	*Sancte Gregori,*
Saint Sixte,	*Sancte Sixte,*
Saint Rigobert,	*Sancte Rigoberte,*
Saint Martin,	*Sancte Martine,*
Saint Maurille,	*Sancte Maurili,*
Saint Nicolas,	*Sancte Nicolae,*
Saint Chœur des Con-fesseurs,	*Sancte Chorus Con-fessorum,*
Sainte Marie-Made-leine,	*Sancta Maria Mag-dalena,*
Sainte Marie Egyp-tienne,	*Sancta Maria Ægy-ptiaca,*
Sainte Félicité,	*Sancta Felicitas,*
Sainte Perpétue,	*Sancta Perpetua,*
Sainte Agathe,	*Sancta Agatha,*
Sainte Agnès,	*Sancta Agnes,*
Sainte Cécile,	*Sancta Cæcilia,*
Sainte Eutropie,	*Sancta Eutropia,*
Sainte Genevieve,	*Sancta Genovesa,*
Sainte Colombe,	*Sancta Colomba,*
Sainte Scholastique,	*Sancta Scholastica,*
Sainte Pétronille,	*Sancta Petronilla,*
Sainte Catherine,	*Sancta Catharina,*
Saint Chœur des Vier-ges,	*Sancte Chorus Vir-ginum,*
Sainte Troupe de Saints,	*Omnes Sancti,*

Priez pour nous.

Ora pro nobis.

Propitius esto, Exaudi nos, Domine.

O Dieu, soyez-nous favorable, Exaucez-nous, Seigneur.

Ab insidiis diaboli, Libera nos, Domine.

Délivrez-nous des embuches du démon, Délivrez-nous, Seigneur.

A damnatione perpetua,

De la damnation éternelle,

Per Mysterium sanctæ Incarnationis tuæ,

Par le Mystere de votre Incarnation sainte,

Per gratiam sancti Spiritûs Paracleti,

Par la grace du Saint-Esprit Paraclet,

In die Judicii,

Au jour du Jugement,

Peccatores, Te rogamus audi nos.

Nous qui sommes pécheurs, Exaucez nos prieres,

Ut pacem nobis dones,

Nous vous prions de nous donner la paix,

Ut misericordia tua & pietas tua nos custodiant,

Que votre miséricorde & votre bonté soient notre sauve-garde,

Ut gratiam Spiritûs sancti cordibus nostris clementer infundere digneris,

Que vous daigniez répandre dans nos cœurs la grace du S. Esprit,

Ut Ecclesiam tuam regere & defendere digneris,

Que vous daigniez conduire & défendre votre Eglise,

Libera nos, Domine.

Te rogamus, audi nos.

Délivrez-nous, Seign.

Exaucez nos prieres.

Que

Que vous conserviez dans votre sainte Religion le souverain Pontife, & tous les Ordres de l'Eglise,	Ut Domnum Apostolicum & omnes gradus Ecclesiæ in sancta Religione conservare digneris,
Nous vous prions de fortifier & de conserver dans votre saint service notre Archevêque, avec tout le troupeau qui lui a été confié,	Ut Archiepiscopum nostrum electum cum omni grege sibi commisso, in tuo sancto servitio confortare & conservare digneris,

Exaucez nos prieres. — *Te rogamus, audi nos.*

Ce Verset se répete trois fois.

Que le culte que nous vous rendons, soit raisonnable & spirituel, Exaucez nos prieres.	Ut obsequium servitutis nostræ rationabile facias, Te rogamus, audi nos.

Après ce Verset, l'Archevêque de Reims se leve, & la Mitre en tête, tenant la Crosse de la main gauche, il dit les trois Versets suivants, tourné vers le Roi, prosterné devant lui.

Nous vous prions de bénir votre serviteur Louis ici présent, que nous allons couronner Roi, Exaucez nos prieres.	Ut hunc præsentem famulum tuum Ludovicum in Regem coronandum bene†dicere digneris, Te.

Le Chœur répete ce Verset.

F.

Ut hunc præsentem famulum tuum Ludovicum in Regem coronandum bene† diœere, & sublimare digneris, Te rogamus, audi nos.

Nous vous prions de bénir & d'élever au Trône votre serviteur Louis ici présent, que nous allons couronner Roi, Exaucez nos prieres.

Le Chœur répete ce Verset.

Ut hunc præsentem famulum tuum Ludovicum in Regem coronandum bene†diœere, subli † mare & confecra†re digneris, Te rogamus, audi nos.

Nous vous prions de bénir, d'élever au Trône & de confacrer votre serviteur Louis ici présent, que nous allons couronner Roi, Exaucez nos prieres.

Le Chœur répete ce Verset.

Après ces trois Verfets, l'Archevêque se prosterne encore au côté droit du Roi comme auparavant, jusqu'à la fin des Litanies, qui sont ainsi continuées par les Evêques.

Ut Regibus & Principibus. Christianis, pacem & veram concordiam donare digneris, Te rogamus, audi nos.

Nous vous prions de donner la paix aux Rois & aux Princes Chrétiens, & de les maintenir dans l'union, Exaucez nos prieres.

De conserver tout le Peuple Chrétien qui a été racheté par votre précieux Sang,

Ut cunctum Populum Christianum pretioso sanguine tuo redemptum conservare digneris,

Nous vous prions qu'il vous plaise d'accorder le repos éternel à tous les Fideles qui sont morts,

Ut cunctis fidelibus Defunctis requiem æternam donare digneris,

Exaucez nos prieres.

Te rogamus, audi nos.

O Fils de Dieu,

Fili Dei,

Agneau de Dieu, qui effacez les péchés du monde, Pardonnez-nous, Seigneur.

Agnus Dei, qui tollis peccata mundi, Parce nobis, Domine.

Agneau de Dieu, qui effacez les péchés du monde, Exaucez-nous, Seigneur.

Agnus Dei, qui tollis peccata mundi, Exaudi nos, Domine.

Agneau de Dieu, qui effacez les péchés du monde, Ayez pitié de nous.

Agnus Dei, qui tollis peccata mundi, Miserere nobis.

Jésus - Christ, écoutez-nous.

Christe, audi nos.

Seigneur, ayez pitié de nous.

Kyrie, eleison.

Jésus - Christ, écoutez-nous.

Christe, eleison.

Seigneur, ayez pitié de nous,

Kyrie, eleison.

Les Litanies finies, les quatre Evêques qui les ont chantées, se prosternent ; & l'Archevêque debout sans Mitre, tourné vers le Roi, qui est toujours prosterné, dit les Prieres & Oraisons suivantes.

Pater noster, &c.

Notre Pere, &c.

Et ne nos inducas, &c.

Et ne nous laissez pas succomber, &c.

℣. *Salvum fac servum tuum,*

℣. Sauvez votre serviteur,

℞. *Deus meus sperantem in te.*

℞. Qui espere en vous, ô mon Dieu.

℣. *Esto ei, Domine, turris fortitudinis,*

℣. Soyez pour lui comme une forteresse

℞. *A facie inimici.*

℞. A la vue de l'ennemi.

℣. *Nihil proficiat inimicus in eo,*

℣. Que son ennemi n'ait point d'avantage sur lui,

℞. *Et filius iniquitatis non apponat nocere ei.*

℞. Et que l'enfant de l'iniquité n'entreprenne pas de lui nuire.

℣. *Domine, exaudi orationem meam,*

℣. Seigneur, exaucez ma priere,

℞. *Et clamor meus ad te veniat.*

℞. Et que mon cri aille jusqu'à vous.

℣. *Dominus vobiscum,*

℣. Que le Seigneur soit avec vous,

℞. *Et cum spiritu tuo.*

℞. Et avec votre esprit.

PRIONS.

ACcordez, Seigneur, le secours de votre grace céleste à votre serviteur Louis ; afin qu'il vous recherche de tout son cœur, & qu'il mérite d'obtenir ce qu'il vous demande humblement.

PRIONS.

NOus vous supplions, Seigneur, de prévenir nos actions par votre esprit, & de les conduire par une assistance particuliere de votre grace ; afin que toutes nos prieres & toutes nos œuvres sortent de vous comme de leur principe, & se rapportent à vous comme à leur fin. Par notre Seigneur.

OREMUS.

PRætende, quæsumus, Domine, huic famulo tuo Ludovico dexteram cælestis auxiliis, ut te toto corde perquirat, & quæ dignè postulat, assequi mereatur. Per.

OREMUS.

ACtiones nostras, quæsumus, Domine, aspirando præveni, & adjuvando prosequere, ut cuncta nostra oratio à te semper incipiat, & per te cœpta finiatur. Per Dominum nostrum.

Après ces Pricres, l'Archevêque, assis sur son fauteuil, le dos tourné vers l'Autel, & avec sa Mitre, dit les Oraisons suivantes sur le Roi, qui est à genoux devant lui.

PRIONS.

NOus vous invoquons, Dieu saint, puissant & éternel, qui êtes notre

OREMUS.

TE invocamus, sancte Pater omnipotens, æterne Deus, ut

F 3

hunc famulum tuum Ludovicum quem tua divinâ difpenfationis providentiâ in primordio plafmatum, ufque in hunc præfentem diem juvenili flore lætantem crefcere conceſſiſti, eum tuæ pietatis dono ditatum, plenumque gratiâ veritatis, de die in diem coram Deo, & hominibus ad meliora femper proficere facias, ut fuum regiminis folium gratiæ fupernæ largitate gaudens fufcipiat, & mifericordiæ tuæ muro ab hoftium adverfitate undique munitus, plebem fibi commiſſam cum pace propitiationis & virtute victoriæ feliciter regere mereatur. Per Chriftum Dominum.

Pere, vous qui, dans la création des êtres, aviez réglé par votre providence que votre ferviteur Louis croîtroit jufqu'à ce jour dans une brillante jeuneffe; faites qu'enrichi du don de la piété, & plein de grace & de vérité, il croiffe pareillement en vertu de jour en jour devant Dieu & devant les hommes; afin que, comblé de vos dons, il prenne avec joie le gouvernement de fon Royaume, & que, préfervé de toutes parts de fes ennemis, par le rempart de votre miféricorde, il conduife dans la paix, & par le fruit de fes victoires, le peuple qui lui eft confié. Par notre Seigneur Jéfus-Chrift.

OREMUS.

DEus, qui populis tuis virtute confulis, & amore do-

PRIONS.

O Dieu, qui veillez fur vos peuples par votre puiffance, & qui regnez fur eux par amour, donnez à votre serviteur Louis l'esprit de sagesse & celui du gouvernement, afin qu'en vous demeurant attaché de tout son cœur, il soit toujours capable de régir son Royaume; que sous son regne l'Eglise jouisse d'une pleine tranquillité; que la piété réside dans ses membres; afin que, persévérant dans les bonnes œuvres, il parvienne sous votre conduite au Royaume du ciel. Par Jésus-Christ.

PRIONS.

QUe toute équité & toute justice naissent sous son regne; qu'il soit le protecteur de ses amis, le rempart de ses peuples contre ses ennemis, la consolation des humbles; qu'il réprime les orgueilleux; qu'il soit une leçon pour les riches; qu'il soit charitable envers les pauvres, le pacificateur des nations;

minaris, *da huic famulo tuo Ludovico spiritum sapientiæ tuæ, cum regimine disciplinæ, ut tibi toto corde devotus, in regni regimine semper maneat idoneus, tuoque munere ipsius temporibus Ecclesiæ securitas dirigatur in tranquillitate, devotio ecclesiastica permaneat, ut in bonis operibus perseverans, ad æternum regnum, te duce, valeat pervenire. Per Christum.*

OREMUS.

IN diebus ejus oriatur omnis æquitas & justitia, amicis adjutorium, inimicis obstaculum, humilibus solatium, elatis correctio, divitibus doctrina, pauperibus pietas, peregrinis pacificatio, propriis in patria pax & securitas, unumquemque secun-

dùm suam mensuram moderatè gubernans, seipsum sedulus regere discat : ut tuâ irrigatus compunctione, toti populo tibi placita præbere vitæ possit exempla, & per viam veritatis cum grege gradiens sibi subdito, opes frugales abundanter acquirat, simulque ad salutem, non solùm corporum, sed etiam cordium à te concessam cuncta accipiat : sicque in te cogitatum animi, consiliumque omne componens, plebis gubernacula cum pace simul & sapientia semper invenire videatur; teque auxiliante, præsentis vitæ prosperitatem & prolixitatem percipiat, & per tempora bona usque ad summam senectutem perveniat, hujusque fragilitatis finem perfectum, ab omnibus vi-

qu'il fasse regner la paix & la sureté parmi ses propres Sujets; qu'il gouverne avec modération les uns & les autres, chacun selon son état; afin que, sensible à tant de graces, il ne donne que des exemples de piété à tout votre peuple ; que, marchant par la voie de la vérité, avec le troupeau qui lui est soumis, il amasse, avec modération, les richesses qui lui sont nécessaires. Donnez-lui, Seigneur, tout ce dont il a besoin, non-seulement pour la santé du corps, mais pour celle des ames; qu'ainsi mettant en vous toutes ses pensées & tous ses desseins, il gouverne toujours son peuple en paix & avec sagesse ; qu'il jouisse, par votre secours, d'une vie longue & heureuse; que les temps, toujours favorables pour lui, le conduisent jusqu'à une extrême vieillesse; que délivré des liens de tout péché, par les richeſſes de votre miſéricorde, & arrivé à la fin de cette vie périſſable, il mérite de jouir de la récompenſe d'un bonheur ſans fin, & de la ſociété éternelle avec les Anges. Par notre Seigneur Jéſus-Chriſt.

tiorum vinculis tua largitate pietatis liberatus, infinita proſperitatis præmia perpetua, Angelorumque æterna commercia conſequatur. Per Chriſtum Dominum noſtrum.

Conſécration du Roi.

L'Archevêque de Reims demeurant toujours aſſis avec ſa Mitre, dit l'Oraiſon ſuivante, & d'une voix plus élevée.

PRIONS.

Dieu tout-puiſſant & éternel, qui gouvernez le Ciel, qui avez créé la terre, Roi des Rois, & Seigneur des ſeigneurs, qui réglez le ſort des Anges & des hommes, qui avez fait triompher de ſes ennemis Abraham, votre fidele ſerviteur, qui avez fait remporter un grand nombre de victoires à Moïſe & à Joſué, les chefs de votre peuple; qui avez tiré de l'obſ-

OREMUS.

OMnipotens ſempiterne Deus, gubernator cœli, terræ conditor, diſpoſitor Angelorum & hominum, Rex Regum, & Dominus dominorum, qui Abraham fidelem famulum tuum de hoſtibus triumphare feciſti, Moyſi & Joſue populo tuo prælatis multiplicem victoriam tribuiſti, humilem quoque pue-

rum David regni faſti-
gio ſublimaſti, eumque
de ore leonis, & de
manu beſtiæ atque Go-
liæ, ſed & de gladio
maligno Saül, & om-
nium inimicorum ejus
liberaſti, & Salomo-
nem ſapientiæ paciſque
ineffabili munere dita-
ſti; reſpice propitiùs
ad preces noſtræ humi-
litatis, & ſuper hunc
famulum tuum Ludo-
vicum, quem ſupplici
devotione in hujus re-
gni regem pariter eli-
gimus, bene † dictio-
num tuarum dona mul-
tiplica, eumque dex-
terâ tuâ potentiâ ſem-
per & ubique circum-
da; quatenus prædicti
Abrahæ fidelitate fir-
matus, Moyſis manſue-
tudine fretus, Joſue
fortitudine munitus,
Davidis humilitate
exaltatus, Salomonis
ſapientiâ decoratus,
tibi in omnibus com-

curité David pour l'élever
au Trône, qui l'avez dé-
livré de la gueule du lion,
qui l'avez fait ſortir vainqueur du combat avec Go-
liath, échapper du glaive
de Saül, & l'avez délivré de
tous ſes ennemis ; qui avez
enrichi Salomon du don
de la ſageſſe, & l'avez fait
regner en paix ; écoutez
nos très-humbles prieres,
& répandez vos abondan-
tes bénédictions ſur votre
ſerviteur Louis, que nous
éliſons pour le Roi de ce
Royaume au milieu des
prieres que nous vous
adreſſons ; afin que, doué
de la fidélité conſtante d'A-
braham, de la douceur de
Moïſe, de la force de Jo-
ſué, de l'humilité de Da-
vid qui l'éleva au trône,
& orné de la ſageſſe de Salomon, il vous complaiſe
en toutes choſes ; qu'il
marche d'un pas ferme &
ſûr dans le ſentier de la ſageſſe ; qu'il pourvoie aux
beſoins des Egliſes de ſon

Royaume ; qu'il en foit le moniteur & le défenfeur ; que par votre puiffance il gouverne fes Etats avec toute l'autorité royale ; qu'il réprime tous fes ennemis vifibles & invifibles ; qu'il n'abandonne point fes droits fur les royaumes des Saxons, des Merciens, des peuples du Nord & des Cimbres ; qu'en infpirant à ces Peuples des fentiments de paix, il change leurs cœurs, & qu'il les rappelle à leur ancienne fidélité ; afin que devenu plus puiffant par leur foumiffion, & honoré de l'amour dont il eft digne, il affermiffe & gouverne en paix, par votre grace, le

placeat, & per tramitem juftitiæ inoffenfo greffu femper incedat, & totius regni Ecclefias deinceps cum plebibus fibi annexis ita enutriat, doceat, muniat & inftruat, contraque omnes vifibiles & invifibiles hoftes, idem potenter regaliterque tuæ virtutis regimen adminiftret : ut regale folium videlicet Saxonum, (1) Merciorum, Nordan, Cimbrorum fceptra non deferat ; fed priftinæ fidei pacifque concordiâ eorum animos, te copitulante, reformet ; ut utrorumque horum po-

---

(1) Le Roi réferve expreffément dans fon Couronnement fes droits fur la Couronne d'Angleterre, comme il paroît par ces noms, *Saxonum, Merciorum & Nordan, Cimbrorum.* Ils ont été mis fous Louis d'Outremer en la place de *Francorum, Burgundiorum & Aquitanorum,* qui étoient dans les anciens Formulaires, afin de perpétuer la mémoire de fes prétentions à la Couronne d'Angleterre, qui lui avoit été conférée par la libre élection du peuple, qui avoit chaffé Jean Sans-terre, qui la reprit enfuite.

pulorum debitâ subjec-
tione fultus, condigno
amore glorificatus, per
longum vitæ spatium
paternæ apicem gloriæ
tuâ miseratione unatim
stabilire & gubernare
mereatur : tua quoque
protectionis galeâ mu-
nitus, & scuto insupe-
rabili jugiter protec-
tus, armisque cœlesti-
bus circumdatus, opta-
bilis victoriæ trium-
phum de hostibus feli-
citer capiat, terrorem-
que suâ potentiâ infi-
delibus inferat, & pa-
cem sibi militantibus
latanter reportet vir-
tutibus : necnon qui-
bus præfatos fideles
tuos decorasti, multi-
plici honoris bene†di-
ctione condecora, & in
regimine regni subli-
miter colloca, & oleo
gratiâ Spiritûs sancti
perunge. Per Domi-
num nostrum, qui vir-
tute Crucis tartara de-

trône de ses Peres pendant
une longue suite de jours :
que toujours muni du cas-
que & du bouclier de votre
protection, & tout envi-
ronné des armes célestes,
il triomphe heureusement
& selon ses souhaits de tous
ses ennemis ; que sa puissance inspire de la terreur
aux infideles ; que par ses
vertus qui l'accompagne-
ront dans les combats, il
recueille avec joie les fruits
de la paix. Ornez-le de toutes celles dont vous avez
orné vos fideles serviteurs
que nous venons de nom-
mer ; honorez-le de béné-
dictions abondantes ; éta-
blissez-le glorieusement
dans le gouvernement de
son Royaume, & répan-
dez sur lui l'onction de la
grace du S. Esprit : Par notre Seigneur Jésus-Christ,
qui par la vertu de la Croix
a détruit l'enfer, surmonté
l'empire du démon, & est
monté victorieux au Ciel,
à qui appartient toute puis-

fance, le regne, la victoire, qui eft la gloire des
hommes, la vie & le falut
des peuples : Dieu qui vit
& regne avec vous, &c.

ftruxit, regnoque dia-
boli fuperato, ad cœlos
victor afcendit, in quo
poteftas omnis, re-
gnumque confiftit & vi-
ctoria, qui eft gloria

humilium, & vita, falufque populorum. Qui tecum
vivit & regnat Deus, &c.

Après cette Oraifon, le Roi demeurant toujours à genoux, l'Archevêque de
Reims affis, comme en la confécration
d'un Evêque, tenant en main la Patene
d'or du Calice de faint Remi, fur laquelle
eft l'Onction facrée, il en prend avec
le pouce droit, & commence d'oindre le
Roi en la maniere fuivante.

Premiérement, fur le fommet de la
tête, en faifant le figne de la croix, &
difant ces paroles :

JE vous facre Roi avec
cette huile fanctifiée,
au nom du Pere, du Fils,
& du Saint-Efprit.

UNgo te in Regem
de oleo fanctifi-
cato, in nomine Pa-
tris †, & Filii †, &
Spiri † tûs fancti.

Il répete les mêmes fignes de croix aux
fix Onctions fuivantes, & tous les affiftants répondent à la fin de chacune, *Amen.*

2°. Sur l'estomac, les Evêques de Laon & de Beauvais ouvrant les ouvertures faites à la chemise, à la camisole du Roi, & à chacun des endroits où doit se mettre la sainte Onction.

3°. Entre les deux épaules.

4°. Sur l'épaule droite.

5°. Sur l'épaule gauche.

6°. Aux plis & jointures du bras droit.

7°. Aux plis & jointures du bras gauche.

Pendant les Onctions, les Musiciens chantent l'Antienne suivante.

Unxerunt Salomonem, Sadoch Sacerdos, & Nathan Propheta Regem in Sion, & accedentes læti dixerunt : Vivat Rex in æternum.	Le Prêtre Sadoch & le Prophete Nathan sacrerent Salomon dans Sion ; & s'approchant de lui, ils lui dirent avec joie : Vive le Roi éternellement.

Après quoi l'Archevêque, toujours assis avec sa Mitre, & le Roi à genoux devant lui, dit les Oraisons suivantes.

Oremus.	Prions.
CHriste, perunge hunc Regem in regimen, unde unxisti Sacerdotes Reges, &	O Christ, sacrez vous-même ce Roi pour le gouvernement, ainsi que vous avez sacré les Prêtres,

les Rois, les Prophetes, les Martyrs, qui par la foi ont subjugué des Royaumes, ont accompli les devoirs de la justice, ont reçu l'effet des promesses : que cette onction sacrée se répande sur sa tête, & qu'elle pénetre jusques dans son ame & dans le fond de son cœur, & qu'il mérite d'avoir part aux promesses dont les Rois fameux, par leurs victoires, ont vu en eux l'accomplissement : en sorte qu'il regne heureusement dans le siecle présent, & qu'il soit admis dans leur société, dans le Royaume des cieux. Nous vous le demandons par notre Seigneur Jésus-Christ, qui a été sacré d'une huile de joie, d'une maniere plus excellente que tous ceux qui participent à sa gloire, & qui, par la vertu de sa croix, a vaincu les puissances de l'air, a détruit l'enfer, triomphé de l'empire

Prophetas, & Martyres, qui per fidem vicerunt regna, operati sunt justitiam, adepti sunt repromissiones. Tua sacratissima unctio super caput ejus defluat, atque ad interiora descendat, & cordis illius intima penetret, & promissionibus quas adepti sunt victoriosissimi reges gratiâ tuâ dignus efficiatur, quatenus & in præsenti sæculo feliciter regnet, & ad eorum consortium in cælesti regno perveniat. Per Dominum nostrum Jesum Christum Filium tuum, qui unctus est oleo lætitia præ consortibus suis, & virtute crucis potestates aereas debellavit, tartara destruxit, regnumque diaboli superavit, & ad cælos victor ascendit : in cujus manu victoria, omnis

gloria & potestas con-
sistunt , & tecum vivit
& regnat in unitate
Spiritûs sancti Deus ,
per omnia sacula sacu-
lorum. Amen.

du démon, & est monté
vainqueur aux cieux , à qui
appartiennent la victoire,
la gloire & la puissance, &
qui regne avec vous dans
l'unité du Saint - Esprit,
dans tous les siecles des
siecles. Ainsi soit-il.

O R E M U S.

Deus electorum
fortitudo, & hu-
milium celsitudo, qui in
primordio per effusio-
nem diluvii, mundi cri-
mina castigare voluis-
ti, & per columbam ra-
mum olivæ portantem,
pacem terris redditam
demonstrasti : iterum-
que Sacerdotem Aaron
famulum tuum per unc-
tionem olei Sacerdo-
tem sanxisti , & præ-
terea per hujus unguen-
ti infusionem ad re-
gendum populum If-
raeliticum, Sacerdotes,
Reges , ac Prophetas
perfecisti , vultumque
Ecclesiæ in oleo exhi-
larandum per prophe-

P R I O N S.

O Dieu , qui êtes la
force des Elus , qui
élevez les humbles , qui,
au commencement du
monde , avez voulu pu-
nir , par les eaux du délu-
ge , les crimes des hom-
mes , & qui avez fait connoître par une colombe,
portant un rameau d'oli-
vier , que vous rendiez la
paix à la terre ; qui avez
sacré Prêtre votre serviteur
Aaron par le moyen de
l'huile sainte ; qui , par
cette même onction, avez
établi les Prêtres, les Rois,
les Prophetes pour gou-
verner le peuple d'Israël ,
& qui avez prédit par la
bouche prophétique de
David , votre serviteur;

que

que toute la face de votre Eglise seroit resplendissante par une telle onction ; nous vous supplions, Dieu tout - puissant, de sanctifier , par votre bénédiction & par l'effet de cette huile sainte, votre serviteur ici présent : faites que, participant à la douceur de la colombe , il donne la paix à tout le peuple qui lui est confié dans la simplicité de son cœur : qu'il imite avec soin les exemples d'Aaron dans le service du Seigneur : qu'il monte sur le Trône , assisté des conseils de la science & de l'équité dans ses jugements , & que par votre bénédiction & par l'onction de cette huile sainte, la satisfaction & la joie éclatent toûjours sur son visage aux ieux de tout son peuple. Par.

ticam famuli tui vocem David esse, prædixisti ; ita, quæsumus, omnipotens Deus Pater , ut per hujus creaturæ pinguedinem, hunc servum tuum sanctificare tuâ bene † dictione digneris, eumque in similitudine columbæ pacem simplicitatis populo sibi commisso præstare , & exempla Aaron in Dei servitio diligenter imitari , regnique fastigia in consiliis scientiâ & æquitate judicii semper assequi , vultumque hilaritatis per hanc olei unctionem tuamque bene † dictionem , te adjuvante , toti plebi paratum habere facias. Per Dominum nostrum.

PRIONS.

QUe notre Seigneur Jésus-Christ, le Fils de Dieu, qui a été sacré

OREMUS.

DEus Dei Filius Dominus noster Jesus Christus, qui à

Patre oleo exultationis unctus est præ participibus suis, ipse per præsentem sacri unguinis infusionem Spiritûs sancti Paracleti super caput tuum infundat bene†dictionem, eandemque usque ad interiora cordis tui penetrare faciat : quatenùs hoc visibili & tractabili dono invisibilia percipere, & temporali regno justis moderaminibus executo æternaliter cum eo regnare merearis, qui solus sine peccato Rex vivit & gloriatur, cum Deo Patre, in unitate ejusdem Spiritûs sancti Deus, per omnia sæcula sæculorum. Amen.

par son Pere d'une huile de joie, d'une maniere plus excellente que tous ceux qui participent à sa gloire, répande sur votre tête, par l'effusion de cette huile sainte, la bénédiction du St. Esprit, & qu'il en pénetre votre cœur; afin que par ce don visible & sensible, vous méritiez d'avoir part aux biens invisibles, & qu'après avoir gouverné avec une juste modération un Royaume temporel, vous méritiez de regner avec celui, qui seul, le Roi des Rois, & sans péché, vit & est glorifié avec Dieu le Pere dans l'unité du même Esprit, dans tous les siecles des siecles. Ainsi soit-il.

Ces sept Onctions & ces Oraisons finies, l'Archevêque de Reims, aidé des Evêques de Laon & de Beauvais, referme les ouvertures de la chemise & de la camisole du Roi, avec des lacets d'or. Ensuite le Roi s'étant levé, le Grand-

Chambellan revêt Sa Majesté de la Tunique, de la Dalmatique & du Manteau
Royal : ces vêtements font de velours
violet, semé de fleurs de lis en broderie
d'or, & représentent les habits des trois
Ordres de Sous-Diacre, de Diacre & de
Prêtre.

Le Roi ainsi revêtu, se met à genoux
devant l'Archevêque de Reims, lequel
assis avec sa Mitre, reprend la Patene, &
fait à Sa Majesté la huitieme Onction sur
la paume de la main droite, & ensuite la
neuvieme sur celle de la main gauche,
en faisant cette Priere.

QUe ces mains soient
ointes de l'huile san-
ctifiée, de laquelle les Rois
& les Prophetes ont été
oints, & de la même ma-
niere que Samuel sacra le
Roi David, afin que vous
soyez béni & établi Roi
dans ce royaume que Dieu
vous a donné à régir. Que
Dieu, qui vit & regne dans
tous les siecles, daigne vous
accorder cette grace.

UNgantur manus
ista de oleo sanc-
tificato, unde uncti
fuerunt Reges & Pro-
phetæ, & sicut unxit
Samuel David in Re-
gem, ut sis benedictus
& constitutus Rex in
Regno isto, quod Do-
minus tuus dedit tibi
ad regendum & guber-
nandum : quod ipse
præstare dignetur, qui
vivit & regnat Deus,
per omnia, &c.

G 2

Puis le Roi toujours à genoux, & tenant les mains jointes devant la poitrine, l'Archevêque debout & sans Mitre, dit l'Oraison suivante.

 OREMUS.

DEus, qui es Justorum gloria & misericordia peccatorum, qui misisti Filium tuum pretiosissimo sanguine suo genus humanum redimere, qui conteris bella, & pugnatores in te sperantium, & sub cujus arbitrio omnium regnorum continetur potestas, te humiliter deprecamur, ut præsentem famulum tuum Ludovicum in tua misericordia confidentem, in præsenti sede regali bene✝dicas, eique propitiùs adesse digneris : ut qui tuâ expetit protectione defendi, omnibus hostibus sit fortior. Fac eum, Domine, beatum esse, & victorem de ini-

PRIONS.

O Dieu, qui êtes la gloire des Justes, & qui faites miséricorde aux pécheurs, qui avez envoyé votre Fils pour racheter le genre humain par son précieux Sang ; qui exterminez les armées ; qui combattez pour ceux qui esperent en vous, & qui tenez sous l'empire de votre volonté toute la puissance des Rois : nous vous supplions humblement de bénir sur ce trône votre serviteur Louis ici présent, qui met toute sa confiance dans votre bonté, & de lui être propice. Et puisque votre protection est l'objet de ses vœux, faites qu'il soit supérieur à tous ses ennemis ; qu'il en soit le vainqueur, & que le bonheur l'accompagne. Couronnez-le de la couronne de justice & de sainteté, afin que plein de foi en vous, de tout son cœur & de toute son ame, il vous serve fidélement ; qu'il défende votre sainte Eglise, & la fasse triompher ; qu'il conduise avec équité le peuple que vous lui avez confié, & qu'à l'abri de toute adversité, il lui enseigne à pratiquer la justice. Enflammez son cœur de l'amour de votre grace, par l'effet de cette huile sainte dont vous avez oint les Prêtres, les Rois & les Prophetes, afin qu'aimant la justice & marchant toujours dans les sentiers de cette vertu, & après avoir regné comme les meilleurs Rois pendant le cours des années que vous avez réglé, il mérite d'arriver aux joies éternelles : Par le même.

micis suis. Corona eum coronâ justitia & pietatis, ut ex toto corde & totâ mente in te credens, tibi deserviat, sanctam tuam Ecclesiam defendat & sublimet, populumque à te sibi commissum justè regat, nullis insidiantibus malis eum in justitiam convertat. Accende, Domine, cor ejus ad amorem gratia tua per hoc unctionis oleum, unde unxisti Sacerdotes, Reges, Prophetas, quatenus justitiam diligens, per tramitem similiter incedens justitia, post peracta à te disposita in regali excellentia annorum curricula, pervenire ad æterna gaudia mereatur. Per eundem Dominum nostrum, &c.

Bénédiction des Gants.

L'Archevêque de Reims debout & sans Mitre, fait la bénédiction des Gants,

les aspergeant d'eau - bénite , & dit l'O-
raison suivante.

OREMUS.

OMnipotens Crea-
tor , *qui homini*
ad imaginem tuam
creato , manus digitis
discretionis insignitas ,
tanquam organum in-
telligentia ad rectè ope-
randum dedisti , quas
servari mundas prace-
pisti , ut in eis anima
digna portaretur , &
tua in eis dignè contre-
Ctarentur mysteria, be-
ne†dicere & sancti†fi-
care digneris hac ma-
nuum tegumenta : ut
quicumque Reges iis
cum humilitate manus
suas velare voluerint,
tam cordis quàm ope-
ris munditiam tuâ mi-
sericordiâ subminis-
trent. Per Christum
Dominum , &c.

PRIONS.

Dieu tout-puissant, qui
avez donné à l'hom-
me créé à votre image des
mains , dont les doigts
sont propres à divers usages, comme un organe de
discernement pour bien
agir , & que vous avez voulu qu'on conservât pures &
nettes, afin qu'elles pussent
porter, *pour ainsi dire*, une
ame *toujours* digne de
Dieu, & qu'elles servissent
d'instrument à la célébration de vos saints Myste-
res ; daignez bénir ces vê-
temens qui servent à cou-
vrir les mains, afin que
tous les Rois qui voudront
en faire usage, ne montrent
que des œuvres pures tant
à l'intérieur qu'à l'exté-
rieur : Par Jésus-Christ notre Seigneur, &c.

Les Gants étant bénits, l'Archevêque
de Reims étant assis, & ayant la Mitre

en tête, les met aux mains du Roi, en
difant :

ENvironnez, Seigneur, les mains de Louis, votre ferviteur, de toute la pureté de l'homme nouveau qui eft defcendu du Ciel, afin que comme Jacob, votre bien-aimé, ayant couvert fes mains de la peau de chevreau, & ayant offert à fon pere un mets & un breuvage qui lui furent très-agréables, en reçut la bénédiction ; de même ce Roi qui eft ici devant vous, mérite d'obtenir la bénédiction de votre grace : Par le même Jéfus-Chrift notre Seigneur, qui dans la reffemblance d'une chair de péché, s'eft offert lui-même à votre Majefté.

CIrcumda, Domine, manus hujus famuli tui Ludovici munditiâ novi hominis, qui de cœlo defcendit : ut quemadmodum Jacob dilectus tuus pelliculis hædorum opertis manibus paternam benedictionem oblato patri cibo potuque gratiffimo impetravit, fic & ifte gratiæ tuæ bene † dictionem impetrare mereatur. Per eundem Dominum noftrum Jefum Chriftum, qui in fimilitudinem carnis peccati tibi obtulit femetipfum. Amen.

Bénédiction de l'Anneau.

Enfuite l'Archevêque fe tenant debout fans Mitre, bénit l'Anneau royal qui lui eft préfenté par le premier Valet-de-Chambre du Roi, & dit l'Oraifon fuivante.

OREMUS.

PRIONS.

DEus, totius crea-
turæ principium
& finis, creator & con-
secrator generis huma-
ni, dator gratiæ spiri-
tualis, largitor æternæ
salutis, in quo clausa
sunt omnia : tu, Do-
mine, tuam emitte be-
ne † dictionem super
hunc annulum, ipsum-
que bene † dicere, &
sanctifi†care digneris :
ut qui per eum famulo
tuo honoris insignia
concedis, virtutum præ-
mia largiaris, quo dis-
cretionis habitum sem-
per retineat, & veræ
fidei fulgore præful-
geat, sancta quoque
Trinitatis armatus
munimine, miles in-
expugnabilis acies dia-
boli constanter evin-
cat, & sibi ad veram
salutem mentis & corporis proficiat. Per Christum.

O Dieu, qui êtes le
principe & la fin de
toute créature ; qui avez
consacré le genre humain,
donné la grace spirituelle
& le salut éternel, & qui
renfermez toutes choses,
répandez votre bénédic-
tion sur cet anneau : daignez le bénir & le sanctifier, afin qu'étant le signe
représentatif des honneurs
de votre serviteur, il le
soit aussi de ses vertus :
qu'il ait toujours l'esprit
de discernement ; qu'il
brille de la splendeur de la
vraie foi ; qu'armé du bou-
clier de la sainte Trinité,
soldat invincible, il sur-
monte vaillamment les
forces du démon, & qu'il
se procure les biens de l'a-
me & du corps : Par Jésus-
Christ notre Seigneur.

L'Anneau étant bénit, l'Archevêque,

affis avec fa Mitre en tête, le met au quatrieme doigt de la main droite du Roi, en difant ces paroles :

REcevez cet Anneau, qui eft le figne de la foi, & de votre dignité royale, la marque de votre puiffance, afin que par fon fecours vous triomphiez de vos ennemis, vous détruifiez l'héréfie, vous teniez vos Sujets dans l'union, & demeuriez perfévéramment attaché à la Foi Catholique.

ACcipe Annulum, fignaculum videlicet fidei fancta, foliditatem regni, argumentum potentia, per quem fcias triumphali potentiâ hoftes refellere, harefes deftruere, fubditos coadunare, & catholica fidei perfeverabilitati connecti.

Puis ayant quitté la Mitre, il dit cette Oraifon.

PRIONS.

O Dieu, à qui toute puiffance & toute dignité appartiennent, faites que votre ferviteur recueille les fruits de fa dignité, qu'il y demeure affermi par votre grace, qu'il vous craigne toujours, & qu'il s'étudie à vous plaire fans ceffe en toutes chofes. Par Jéfus-Chrift.

OREMUS.

DEus, cujus eft omnis poteftas & dignitas, da famulo tuo profperum fua dignitatis effectum, in qua te remunerante, permaneat, femperque te timeat, tibique jugiter placere contendat. Per Chriftum Dominum.

Tradition du Sceptre & de la Main de Justice.

L'Archevêque ayant remis sa Mitre, prend sur l'Autel le Sceptre royal, & le met dans la main droite du Roi, en disant ces paroles :

ACcipe sceptrum regiæ potestatis insigne, virgam scilicet Regni rectam, virgam virtutis, quâ teipsum benè regas, sanctam Ecclesiam, populumque videlicet Christianum tibi à Deo commissum, regiâ virtute ab improbis defendas, pravos corrigas, rectos, pacifices; & ut rectam viam tenere possint, tuo juvamine dirigas; quatenùs de temporali regno ad æternum regnum pervenias, ipso adjuvante cujus regnum & imperium sine fine permanet, in sæcula sæculorum. Amen.

REcevez ce sceptre, qui est la marque de la puissance royale, appellé sceptre de droiture & regle de la vertu, pour vous bien conduire, & vous-même, & la sainte Eglise, & le peuple Chrétien qui vous est confié, pour le défendre des méchants, par votre autorité royale, & pour corriger les pervers; pour pacifier les bons, & les aider à marcher dans les sentiers de la justice; afin que par le secours de celui dont le regne & la gloire s'étendent dans tous les siecles, vous passiez d'un Royaume temporel à un Royaume éternel. Ainsi soit-il.

Ensuite ayant ôté sa Mitre, il dit:

PRIONS.

Dieu tout - puissant, qui êtes la source de tous les biens, l'auteur des progrès qu'on fait dans la vertu; faites que votre serviteur Louis use avec sagesse de sa dignité. Donnez-lui la force nécessaire pour soutenir l'honneur de la Royauté, dont vous lui avez fait part. Faites - le respecter plus que tous les Rois de la terre: comblez-le de vos bénédictions; affermissez-le sur son trône: faites-lui sentir votre présence par les enfants que vous lui donnerez : accordez-lui une longue vie: que la justice fleurisse sous son regne, & qu'il soit couvert de gloire & comblé de joie dans le Royaume éternel. Par notre Seigneur.

OREMUS.

OMnipotens Domine, fons bonorum cunctorum Deus, institutor profectuum, tribue, quæsumus, famulo tuo Ludovico adeptam benè regere dignitatem, & à te sibi præstitum honorem dignare roborare. Honorifica eum præ cunctis regibus terræ, uberi eum bene † dictione locupleta, & in solio regni firmâ stabilitate consolida; visita eum in sobole, præsta ei prolixitatem vitæ : in diebus ejus semper oriatur justitia, & cum jucunditate & lætitia æterno glorietur in regno. Per Dominum nostrum.

Cette Oraison finie, l'Archevêque reprend sa Mitre, & met la Main de Justice en la main gauche du Roi, en difant:

ACcipe virgam virtutis atque æquitatis, quâ intelligas mulcere pios, & terrere reprobos, errantibus viam doce, lapsis manum porrige, disperdas superbos, & releves humiles, ut aperiat tibi ostium Christus Jesus Dominus noster, qui de ipso ait : Ego sum ostium ; per me si quis introierit salvabitur : & ipse, qui est clavis David, & sceptrum domûs Israël, qui aperit, & nemo claudit, claudit & nemo aperit, sit tibi adjutor, qui eduxit vinctum de domo carceris, sedentem in tenebris & umbra mortis : ut in omnibus sequi merearis eum de quo Propheta David cecinit : Sedes tua, Deus, in sæculum sæculi ; virga æquita-

REcevez ce fceptre, la verge de la vertu & de l'équité : afin qu'elle vous apprenne à ufer de douceur envers les gens de bien, à vous faire craindre des méchants, à remettre dans le droit chemin ceux qui s'égarent, à tendre la main à ceux qui font tombés, à confondre les orgueilleux, à relever les humbles ; afin que Jéfus-Chrift notre Seigneur vous ouvre la porte *du ciel*, lui qui a dit de lui-même : *Je fuis la porte : fi quelqu'un entre par moi, il fera fauvé* : le même, qui eft la clef de David, le fceptre de la maifon d'Ifraël ; qui ouvre, & perfonne ne ferme, qui ferme, & perfonne n'ouvre : qui tire de prifon le captif affis dans les ténebres & l'ombre de la mort : afin que vous méritiez de fuivre en toutes chofes celui dont le Prophete David a parlé en ces termes : *Votre trône, ô Dieu, est un trône éternel; & le sceptre de votre empire est un sceptre d'équité : & que vous imitiez celui qui dit : Parce que vous avez aimé la justice, & haï l'iniquité, Dieu vous a sacré d'une huile de joie ;* enfin à l'exemple de celui que Dieu avoit oint, avant tous les siecles, d'une maniere plus excellente que tous

tis, virga regni tui; & imiteris eum qui dicit : Diligas justitiam & odio habeas iniquitatem, propterea unxit te Deus, Deus tuus, oleo lætitiæ; *ad exemplum illius, quem ante sæcula unxerat, præ participibus suis, Jesum Christum Dominum nostrum.*

ceux qui participent à sa gloire : savoir, notre Seigneur Jésus-Christ.

Convocation des Pairs pour le Couronnement du Roi.

Ces Cérémonies & ces Oraisons finies; le Chancelier de France, ou le Garde des Sceaux qui le représente, s'étant mis du côté de l'Evangile, le visage tourné vers le Roi & le Chœur, appelle les Pairs selon leur rang, les Laïques les premiers, puis les Ecclésiastiques, en la maniere suivante : *Monsieur le Prince,* (ou *Monsieur le Duc de*) ou *Monsieur le Comte de*) *qui représentez le Duc de Bourgogne, présentez-vous à cet Acte :* se servant de cette même formule pour appeller le Prince, ou le Duc, ou le Comte qui repréfente le Duc de Normandie, puis pour appeller le Prince, ou le Duc, ou le Comte qui repréfente le Duc d'Aquitaine, & de même pour appeller les Princes l'un après l'autre, Ducs, ou Comtes qui repréfen-tent, l'un le Comte de Touloufe, l'autre le Comte de Flandre, & un autre le Com-te de Champagne : il appelle enfuite les Pairs Eccléfiaftiques de la même manicre; favoir, l'Evêque-Duc de Laon, l'Evêque-Duc de Langres, l'Evêque-Comte de Beauvais, l'Evêque-Comte de Châlons, & l'Evêque-Comte de Noyon. Notez qu'il n'appelle point l'Archevêque-Duc de Reims, le premier des fix Pairs, parce qu'en cette cérémonie, la fonction de ce Prélat eft de facrer le Roi.

Couronnement du Roi.

Le Chancelier de France s'étant remis à fa place, l'Archevêque de Reims prend fur l'Autel la grande Couronne de Char-lemagne, qui a été apportée de l'Abbaye Saint-Denis, & la foutient feul à deux mains fur la tête du Roi, fans le toucher.

Aussi-tôt les Pairs Laïques & Ecclésiastiques y portent la main pour la soutenir; & ce Prélat la tenant toujours, mais de la main gauche, dit cette Priere.

QUe Dieu vous couronne de la Couronne de gloire & de justice; qu'il vous arme de force & de courage, afin qu'étant bénit par nos mains, plein de foi & de bonnes œuvres, vous arriviez à la Couronne du regne éternel par la grace de celui dont le regne & l'empire s'étendent dans tous les siecles. Ainsi soit-il.

COronet te Deus Coronâ gloriæ, atque justitiæ, honore, & opere fortitudinis, ut per officium nostra benedic†tionis, cum fide recta, & multiplici bonorum operum fructu, ad Coronam pervenias regni perpetui, ipso largiente, cujus regnum & imperium permanet in sacula saculorum. Amen.

Après cette Priere, l'Archevêque met seul cette grande Couronne sur la tête du Roi, en disant ce qui suit:

REcevez la Couronne de votre Royaume au nom du Pere, du Fils & du Saint-Esprit, afin que rejettant les prestiges de l'ancien ennemi des hommes, & vous gardant de la con-

ACcipe Coronam regni in nomine Pa†tris, & Fi†lii, & Spiritûs † sancti: ut spreto antiquo hoste, spretisque contagiis vitiorum omnium, sic ju-

stitiam, misericordiam & judicium diligas, & ita justè & misericorditer & piè vivas, ut ab ipso Domino Jesu Christo in consortio Sanctorum æterni regni coronam percipias. Accipe, inquam, coronam, quam sanctitatis gloriam & honorem & opus foritudinis intelligas signare : & per hanc te participem ministerii nostri non ignores : ita ut sicut nos in interioribus pastores rectoresque animarum intelligimur : ita tu contra omnes adversitates Ecclesiæ Christi defensor assistas, regnique tibi à Deo dati, & per officium nostræ benedictionis, in voce exultationis, vice Apostolorum, omniumque Sanctorum regimini tuo commissi utilis executor, perspicuusque regnator semper appa-

tagion de tous les vices, vous soyez si zélé pour la justice, si accessible à la compassion & si équitable dans vos jugements, que vous méritiez de recevoir de notre Seigneur Jésus-Christ la Couronne du Royaume éternel dans la société des Saints. Recevez donc cette Couronne, & faites qu'elle porte les marques glorieuses & honorables de votre piété & de votre courage, & sachez que c'est par elle que vous participez à notre ministere ; & que de même qu'on nous regarde comme les Pasteurs & les conducteurs des ames dans les choses spirituelles, de même vous preniez notre défense contre les ennemis de l'Eglise ; que par le ministere de nôtre bénédiction, & tandis que nous faisons en cette partie la fonction des Apôtres & de tous les Saints, au milieu de nos cantiques, vous vous montriez le pro-

tecteur

recteur & le miniſtre fidele du Royaume qui eſt confié à vos ſoins, afin qu'orné de toutes les vertus qui brilleront en vous comme autant de pierres précieuſes, & couronné comme un vaillant Athlete de la récompenſe du bonheur éternel, vous regniez glorieuſement avec Jéſus-Chriſt notre Rédempteur & notre Sauveur, dont vous êtes l'Oint, & dont on vous regarde comme le Lieutenant : lui qui étant Dieu, vit & regne dans tous les ſiecles des ſiecles. Ainſi ſoit-il.

reas : ut inter glorioſos Athletas virtutum gemmis ornatus, & præmio ſempiterna felicitatis coronatus, cum Redemptore ac Salvatore naſtro Chriſto, cujus nomen vicemque geſtare crederis, ſine fine glorieris, qui vivit & imperat Deus cum Deo Patre in ſæcula ſæculorum. Amen.

Le Couronnement ainſi fait, l'Archevêque de Reims étant debout ſans Mitre, dit les Oraiſons, & fait les bénédictions ſuivantes.

PRIONS.

Dieu de l'éternité, ſource de toute vertu, vainqueur de tous vos ennemis, béniſſez votre ſerviteur, qui baiſſe ici la tête devant votre Majeſté. Conſervez-le dans une ſan-

OREMUS.

DEus perpetuitatis, dux virtutum, cunctorum hoſtium victor, bene†dic hunc famulum tuum tibi caput ſuum inclinantem, & prolixâ ſa-

H

nicate, & prosperâ felicitate eum conserva, & ubicumque pro quibus tuum auxilium invocaverit, citò adsis, & protegas ac defendas : tribue ei, quæsumus, Domine, divitias gloriæ tuæ, comple in bonis desiderium ejus, corona eum in miseratione & misericordia, tibique Deo piâ devotione jugiter famuletur. Per Christum Dominum.

té toujours florissante, & perpétuez sa félicité. Soyez son aide & sa protection dans toutes les occasions, ainsi que de ceux en faveur de qui il implorera votre secours. Faites-lui part des richesses de votre gloire : comblez ses bons désirs : couronnez-le dans votre miséricorde & votre bonté, & faites qu'il vous serve toujours avec piété : Par Jésus-Christ notre Seigneur. Ainsi soit-il.

Bénédiction.

EXtendat omnipotens Deus dexteram suæ bene†dictionis, & circumdet te muro felicitatis, ac custodiâ suâ protectionis, sanctæ Mariæ, ac beati Petri Apostolorum principis, S. Dionysii atque. B. Remigii & omnium Sanctorum intercedentibus meritis. Amen.

QUe le Seigneur étende sa bénédiction sur vous : qu'il vous environne de bonheur & de toute sa protection, ainsi que des mérites de la sainte Vierge Marie, de saint Pierre, chef des Apôtres, de saint Denis, de saint Remi & de tous les Saints. Ainsi soit-il.

Que le Seigneur vous accorde la rémiſſion de tous vos péchés; qu'il vous donne la grace & la miſéricorde que vous lui demandez humblement; qu'il vous délivre de toute adverſité & des embuches de tous vos ennemis viſibles & inviſibles. Ainſi ſoit-il.

Qu'il établiſſe autour de vous ſes bons Anges pour vous garder; qu'ils marchent devant vous, qu'ils vous accompagnent & vous ſuivent toujours & en tous lieux; que par ſa puiſſance il vous délivre de tout péché; qu'il vous mette à couvert du glaive ennemi & de tout danger.

Qu'il tourne le cœur de vos ennemis vers la paix & la douceur; qu'il vous rende aimable & bienfaiſant par vos bonnes actions; qu'il couvre d'une confuſion ſalutaire, ceux qui vous perſécuteroient & vous haïroient avec obſti-

Indulgeat tibi Dominus omnia peccata quæ geſſiſti, & tribuat gratiam & miſericordiam, quam ab eo humiliter depoſcis, & liberet te ab adverſitatibus cunctis & ab omnibus inimicorum viſibilium & inviſibilium inſidiis. Amen.

Angelos ſuos bonos, qui te ſemper & ubique præcedant, comitentur & ſubſequantur, ad cuſtodiam tui ponat, & te à peccato ſeu gladio, & ab omnium periculorum diſcrimine ſuâ potentiâ liberet. Amen.

Ainſi ſoit-il.

Inimicos tuos ad pacis charitatiſque benignitatem convertat, & bonis operibus te gratioſum & amabilem faciat, pertinaces quoque in tui inſectatione & odio, confuſione ſalutari induat: ſuper te

autem participatio &
sanctificatio sempi-
terna floreat. Amen.

Victoriosum te at-
que triumphatorem de
invisibilibus hostibus
semper efficiat, & san-
cti nominis sui timo-
rem pariter & amorem
continuum cordi tuo in-
fundat, in fide recta
ac bonis operibus per-
severabilem reddat, &
pace in diebus tuis con-
cessâ, cum palma victo-
ria te ad perpetuum re-
gnum perducat. Amen.

Et qui te voluit su-
per populum suum con-
stituere Regem, & in
præsenti sæculo feli-
cem, æterna felicita-
tis tribuat esse consor-
tem.

Quod ipse præstare
dignetur cujus regnum
& imperium sine fine
permanet in sæcula sæ-
culorum. Amen.

nation, & que les fruits de
la paix qu'il vous fera gou-
ter, fleurissent toujours en
vous. Ainsi soit-il.

Qu'il vous fasse toujours
triompher de vos ennemis
invisibles : qu'il répande
dans votre cœur sa crainte
& l'amour de son saint
nom : qu'il vous fasse per-
sévérer dans la vraie foi,
& qu'après vous avoir fait
regner en paix & rempor-
ter les palmes de la victoire pendant votre vie, il
vous conduise au regne
éternel. Ainsi soit-il.

Et que celui qui vous a
établi Roi sur son peuple,
& vous a rendu heureux en
cette vie, vous accorde le
bonheur de celle qui est
éternelle.

Que celui dont le regne
& l'empire s'étendent dans
tous les siecles, vous accorde cette grace. Ainsi
soit-il.

Autre Bénédiction.

BÉnissez, Seigneur, no-tre Roi, vous qui gou-vernez depuis le commen-cement du monde les royaumes de tous les Rois. Ainsi soit-il.

Glorifiez-le d'une béné-diction si abondante, qu'il tienne le Sceptre du salut avec la même dignité que David, & enrichissez-le du don de sainteté & de propitiation. Ainsi soit-il.

Faites que, par l'inspira-tion de votre Esprit-Saint, il gouverne son peuple avec douceur, & que son regne soit aussi pacifique que celui de Salomon. Ain-si soit-il.

Qu'il vous serve avec crainte : qu'il combatte pour vous avec confiance : couvrez-le de votre bou-clier, lui & les Grands de son Royaume, & que, par votre grace, il demeure toujours vainqueur.

BEnedic, Domi-ne, Regem nos-trum, qui regna om-nium regum à saculo moderaris. Amen.

Et tali eum bene-dictione glorifica, ut Davidica teneat subli-mitate Sceptrum salu-tis, & sanctifica propi-tiationis munere repe-riatur locupletatus. Amen.

Da ei, tuo spirami-ne, cum mansuetu-dine ita regere popu-lum, sicut Salomonem fecisti regnum obtinere pacificum. Amen.

Tibi cum timore sit subditus, tibique mili-tet cum quiete : sit tuo clypeo protectus, cum proceribus, & ubique gratiâ tuâ victor exis-tat. Amen.

H 3

Honorifica eum præ cunctis regibus gentium, felix populis dominetur, & feliciter eum nationes adorpent, vivat inter gentium nationes magnanimus. Amen.

Sit in judiciis æquitatis singularis, locupletet eum prædives dextera, frugiferam obtineat patriam, & ejus liberis tribuas profutura. Amen.

Præsta ei prolixitatem vitæ per tempora, ut in diebus ejus oriatur justitia; à te robustum teneat regiminis solium, & cum jucunditate & lætitia æterno glorietur regno. Amen.

Quod ipse præstare dignetur, cujus regnum & imperium, sine fine permanet in sæcula sæculorum. Amen.

Qu'il soit honoré plus que les Rois des autres nations : qu'il regne heureusement sur ses peuples : que les nations le comblent de louanges, & qu'elles célebrent toute sa magnanimité. Ainsi soit-il.

Qu'il soit d'une équité remarquable dans ses jugements : que celui qui est la source des richesses, lui en donne de grandes : que la fertilité regne dans son pays, & comblez de vos biens ses enfants. Ainsi soit-il.

Accordez-lui une longue suite de jours : que la justice fleurisse sous son regne : rendez son trône inébranlable, & que, comblé de joie, il possede un Royaume éternel. Ainsi soit-il.

Que celui dont le regne s'étend dans tous les siecles des siecles, daigne lui accorder cette grace. Ainsi soit-il.

PRIONS,

QUe le Dieu tout-
puissant fasse tomber
sur votre Royaume la ro-
sée du ciel, & que la graisse
de la terre y produise une
abondance de bled, de vin
& d'huile : que vos peu-
ples vous soient soumis ;
que les Tribus vous ren-
dent l'hommage qui vous
est dû. Soyez le Seigneur
de vos freres, & que les
enfants de votre mere s'in-
clinent devant vous : que
celui qui vous bénira, soit
comblé de bénédictions,
& que Dieu soit votre se-
cours : que le Tout-puissant
vous bénisse des bénédic-
tions qui descendent du
ciel, de celles des montagnes & des collines, de celles des vallées, de celles
qu'il répand sur les fruits
de la terre. Que les bénédictions que Dieu vous
donnera, soient encore
plus grandes que celles
qu'il a données aux anciens Patriarches Abraham,
Isaac & Jacob. Par Jésus-Christ notre Seigneur.

OREMUS.

OMnipotens Deus
det tibi de rore
cœli & de pinguedine
terræ abundantiam fru-
menti, vini & olei :
serviant tibi populi, &
adorent te Tribus : esto
Dominus fratrum tuo-
rum, & incurventur
ante te filii matris tuæ,
& qui benedixerit ti-
bi, benedictionibus re-
pleatur, & Deus erit
adjutor tuus : omni-
potens bene † dicat ti-
bi benedictionibus cœli
desuper, in montibus
& collibus, benedic-
tionibus abyssi jacentis
deorsum, benedictio-
nibus uberum, uva-
rum pomorumque ; be-
nedictiones Patrum an-
tiquorum, Abraham,
Isaac & Jacob, con-
fortata sint super te.
Per Christum.

H 4

OREMUS.

BEne † dic, Domine, fortitudinem Principis, & opera manuum illius suscipe, & benedictione tuâ terra ejus, de pomis repleatur, de fructu cœlesti & rore atque abyssi subjacentis, de fructu solis & lunæ, & de vertice antiquorum montium, de pomis æternorum collium, & de frugibus terræ & plenitudine ejus : benedictio illius qui apparuit in rubo, veniat super caput ejus, & plena sit benedictio Domini in filiis ejus, & tingat in oleo pedem suum : cornua rhinocerontis, cornua illius, in ipsis ventilabit gentes usque ad terminos terræ : quia ascensor cœli auxiliator suus in sempiternum. Per Dominum nostrum Je-

PRIONS.

BEnissez, Seigneur, la force de notre Prince, & coopérez à toutes ses œuvres ; & que, par votre bénédiction, le pays de sa domination soit rempli des fruits de la terre, des fruits du ciel, de la rosée des vallées, des fruits du soleil & de la lune, de ceux du haut des montagnes & des collines éternelles ; de ceux que la terre donne en abondance de son sein. Que la bénédiction de celui qui apparut dans le buisson ardent, se répande sur sa tête : que le Seigneur comble de bénédictions ses enfants : qu'il recueille la plus grande abondance d'huile : qu'il ait la force du rhinocéros, & qu'il chasse devant lui, comme un vent impétueux, les nations ennemies, jusqu'aux extrémités de la terre : parce que celui qui est éle-

vé au-deſſus des cieux, *ſum Chriſtum Filium*
ſera ſon bras droit à ja- *tuum*, &c.
mais. Par notre Seigneur
Jéſus-Chriſt.

Introniſation du Roi.

La cérémonie du Couronnement étant
finie, l'Archevêque de Reims prend le Roi
par le bras droit, précédé de ſon Porte-
Croſſe & de deux Chanoines en Chape,
& le conduit au Trône élevé ſur le Jubé,
dans l'ordre ſuivant. Les ſix Hérauts d'Armes, qui étoient placés au milieu du
Chœur, marchent les premiers juſqu'au
bas des marches qui conduiſent au Jubé.
Les Pairs Eccléſiaſtiques montent par l'eſcalier qui eſt du côté de l'Epître : les Pairs
Laïques par celui du côté de l'Evangile.
Le Maréchal de France repréſentant le
Connétable, tenant l'épée nue & droite,
ayant à ſes côtés les deux Huiſſiers de la
Chambre, marche devant le Roi : Sa Majeſté a la Couronne de Charlemagne ſur
la tête, & porte en ſes mains le Sceptre
& la Main de Juſtice. Les deux Capitaines des Gardes-du-Corps de quartier, précédés des ſix Gardes Ecoſſois,
marchent aux deux côtés du Roi, dont

la queue du Manteau Royal eſt portée par le Grand-Ecuyer de France. Le Chancelier de France marche ſeul derriere le Roi, & après lui marche le Grand-Maître de la Maiſon de Sa Majeſté. A la droite du Roi eſt le Grand-Chambellan de France, & à ſa gauche le premier Gentilhomme de la Chambre. Les ſix Gardes Ecoſſois s'arrêtent au haut des marches du Trône trois de chaque côté. Le Roi étant monté à ſon Trône par l'eſcalier du côté de l'Evangile, les Pairs Eccléſiaſtiques & Laïques ſe placent, chacun ſelon ſon rang, aux deux côtés du Trône du Roi, & les grands Officiers dans les places qui leur ſont marquées. Les deux Capitaines des Gardes-du-Corps ſe tiennent ſur la marche de l'eſtrade à côté du fauteuil du Roi. L'Archevêque de Reims fait aſſeoir Sa Majeſté ſur ſon Trône, enſuite la tenant debout & par le bras droit, le viſage tourné vers l'Autel, il dit les Prieres ſuivantes :

STa, & retine amodò ſtatum, quem huc uſque paternâ ſucceſſione tenuiſti,

DEmeurez ferme, & maintenez-vous dans la place que vous avez occupée juſqu'ici, comme ayant succédé à vos Peres; qui vous a été transmise par droit d'héritage, par l'autorité du Dieu tout-puissant, & dont nous vous mettons en possession, nous & tous les Evêques & tous les serviteurs de Dieu; & comme vous voyez le Clergé plus près des saints Autels que le reste des fideles, plus vous devez avoir attention à le maintenir dans la place la plus honorable, & en tous lieux convenables, afin que le médiateur de Dieu & des hommes vous établisse le Médiateur du Clergé & du peuple.

hæreditario jure tibi delegatum per auctoritatem Dei omnipotentis, & per præsentem traditionem nostram, omnium scilicet Episcoporum, cæterorumque Dei servorum; & quantò Clerum propinquiorem sacris altaribus prospicis, tantò ei potiorem in locis congruentibus honorem impendere memineris, quatenùs mediator Dei & hominum te mediatorem Cleri & plebis constituat.

Ensuite ayant fait asseoir le Roi sur le Trône, & le tenant par la main, il ajoute ce qui suit:

QUe Dieu vous affermisse sur ce trône, & que Jésus-Christ notre Seigneur vous fasse regner avec lui dans son royaume éternel, lui qui est le Roi des Rois & le Seigneur des

IN hoc Regni solio confirmet te, & in regno æterno secum regnare faciat Jesus Christus Dominus noster, Rex regum & Dominus dominantium, qui cum Deo Patre & Spiritu sancto vivit & regnat per omnia sæcula sæculorum. Amen.

℣. Firmetur manus tua, & exaltetur dextera tua.

℞. Justitia & judicium præparatio sedis tuæ.

℣. Domine, exaudi orationem meam,

℞. Et clamor meus ad te veniat.

℣. Dominus vobiscum,

℞. Et cum spiritu tuo.

OREMUS.

DEus, qui victrices Moysis manus in oratione firmasti, qui quamvis ætate fatisceret, infatigabili sanctitate pugnabat: ut dum Amalec iniquus vincitur, dum profanus nationum populus subjugatur, exterminatis alienigenis, hæreditati

seigneurs, qui vit avec le Pere & le St. Esprit dans tous les siecles des siecles. Ainsi soit-il.

℣. Que votre main soit remplie de force, & que votre droite fasse des choses éclatantes.

℞. Que la justice & l'équité soient les bases de votre trône.

℣. Seigneur, écoutez ma priere,

℞. Et que mon cri s'éleve jusqu'à vous.

℣. Que le Seigneur soit avec vous,

℞. Et avec votre esprit.

PRIONS.

O Dieu, qui avez affermi les mains victorieuses de Moïse dans la priere, lui qui, quoique avancé en âge, n'en étoit pas moins infatigable dans le combat; afin qu'après avoir vaincu l'injuste Amalec, après avoir subjugué des nations profanes, & exterminé les étrangers, il rendît votre peuple possesseur d'une vaste étendue de pays ; exaucez nos prieres, & affermissez l'ouvrage de nos mains. Pere saint, nous avons pour intercesseur auprès de vous Jésus-Christ notre Sauveur, qui a étendu pour nous ses mains sur la Croix. Grand Dieu, c'est par lui que nous vous supplions de briser & d'anéantir l'impiété de tous nos ennemis : faites que votre peuple libre de toute crainte, apprenne à ne craindre que vous seul : Par le même Jésus-Christ notre Seigneur. Ainsi soit-il.

tua possessio copiosa serviret; opus manuum nostrarum piâ nostræ orationis exauditione confirma. Habemus & nos apud te, sancte Pater, Dominum Salvatorem, qui pro nobis manus suas tetendit in Cruce, per quem etiam precamur, Altissime, ut ejus potentiâ suffragante, universorum hostium frangatur impietas, populusque tuus, cessante formidine, te solùm timere condiscat. Per eundem Dominum.

Ces Prieres achevées, l'Archevêque de Reims ayant quitté sa Mitre, fait une profonde révérence au Roi, & le baise. Alors il dit tout haut, & par trois fois : *Vivat Rex in æternum.* Ensuite les Pairs Ecclésiastiques & les Pairs Laïques baisent Sa Majesté, avec pareille acclamation, à leur tour ; & s'étant remis à leurs places, les Hérauts d'Armes montent au Jubé. On ouvre les portes de l'Eglise, & le Peuple y entre en foule pour voir son Monarque sur son Trône, dans toute la pompe de la royauté ; & dans ce moment, toute l'Eglise retentit d'acclamations de *Vive le Roi*. En même-temps les trompettes & les autres instruments de musique qui sont dans le Chœur, se font entendre, & se joignent aux cris de joie de tout le Peuple. Les Oiseleurs lâchent une grande quantité d'oiseaux, & les Régiments des Gardes-Françoises & Suisses, qui sont dans la place & autour de l'Eglise, font une triple salve de Mousqueterie. Pendant ces acclamations, les Hérauts d'Armes distribuent dans le Chœur & dans la Nef une grande quantité de médailles d'or & d'argent, qui ont été frappées pour cette cérémonie, qui représentent d'un côté le buste du Roi, avec cette inscription : *Ludovicus XVI, Rex Christianissimus*. Au revers, l'instant de son Sacre, avec cette légende, *Rex cœlesti oleo unctus*, & dans l'exergue, *Remis*, avec la date du jour, du mois & de l'an. L'Archevêque de Reims descend du Jubé, & étant arrivé à l'Autel, il entonne le *Te Deum*, qui lui est annoncé par le Grand-Chantre, &

qui eſt continué en plain-chant par la muſique du Roi, & toutes les cloches de la Ville ſe font entendre, ainſi que le bruit des ſalves de l'artillerie.

Célébration de la Meſſe.

Le *Te Deum* fini, le Chantre & le Sous-Chantre entonnent l'Introït, qui eſt continué par la Muſique. L'Archevêque de Reims commence la Meſſe, & alors un Chapelain du Roi commence une Meſſe baſſe à l'Autel dreſſé à un bout du Jubé. Après le *Kyrie* & le *Gloria in excelſis* chantés par la Muſique, l'Officiant dit la Collecte ſuivante :

PRIONS.

ACcordez à nos prieres, Dieu tout-puiſſant, que votre ſerviteur Louis, notre Roi, qui par votre miſéricorde a reçu la conduite de ce Royaume, reçoive auſſi l'accroiſſement de toutes les vertus; afin que revêtu de leur force, & ſaintement orné de leur éclat, il ait les vices en horreur comme autant

OREMUS.

QUæſumus, omnipotens Deus, ut famulus tuus Rex noſter Ludovicus, qui tuâ miſeratione ſuſcepit regni gubernacula, virtutum etiam omnium percipiat incrementa, quibus decenter ornatus, & vitiorum monſtra devitare, hoſtes ſuperare, & ad te qui

via, veritas, & vita de monſtres, qu'il ſoit vic-
es, gratioſus valeat torieux de ſes ennemis, &
pervenire. Per Domi- qu'agréable à vos ieux par
num noſtrum. ſes bonnes œuvres, il puiſ-
ſe enfin arriver juſqu'à
vous, qui êtes la voie, la vérité & la vie. Par
notre Seigneur.

Après cette Oraiſon & celles du jour,
un des Evêques qui fait la fonction de
Sous - Diacre, ayant quitté ſa Mitre,
chante l'Epître, aſſiſté de deux Chanoines. Après le Graduel, l'Evêque qui fait
la fonction de Diacre, chante l'Evangile,
pendant lequel les Pairs Eccléſiaſtiques
quittent leurs Mitres, & les Pairs Laïques leurs Couronnes. Le Prince repréſentant le Duc de Bourgogne, ôte au Roi
ſa Couronne, & la poſe ſur une crédence,
& après l'Evangile il la remet ſur la tête
de Sa Majeſté.

Dans le même temps le Grand-Maître, le Maître & l'Aide des Cérémonies
deſcendent du Jubé, les Hérauts qui
étoient au bas de l'eſcalier, marchent devant eux, & lorſqu'ils ſont avancés dans
cet ordre au milieu du Chœur, ils font
leurs révérences à l'Autel, au Roi, à la
Reine,

Reine, & aux Princeſſes & Dames qui
ſont dans leur Tribune, aux Ambaſſadeurs & aux Cardinaux qui ſont à la tête
du Clergé. Le Grand-Maître des Cérémonies fait une révérence au Grand-Aumônier de France ; (1) celui-ci quitte ſa
place pour aller porter au Roi l'Evangile à
baiſer ; il eſt précédé du Grand-Maître &
du Maître des Cérémonies, & accompagné de l'Evêque-Diacre & d'un Chanoine-
Diacre qui porte le Livre des Evangiles
couvert d'une tavaïolle de ſatin blanc :
il eſt en habit de cérémonie, c'eſt-à-di-
re, en Chape de tabis rouge, s'il eſt Cardinal, & en Chape de tabis violet, s'il
eſt ſeulement Evêque. Le Grand-Aumônier étant arrivé au bas de l'eſcalier du
Jubé du côté de l'Epître, fait au Roi une
premiere révérence, une ſeconde au milieu de l'eſcalier, & une troiſieme auprès
du Trône : puis ayant préſenté le Livre
des Evangiles à baiſer au Roi, il le remet
entre les mains de l'Evêque-Diacre : il
deſcend enſuite du Jubé par l'eſcalier du
côté de l'Evangile avec les mêmes céré-

(1) Lorſque l'Archevêque de Reims eſt Grand-Aumônier,
on nomme un autre Prélat pour faire ſes fonctions.

I

monies, & répétant les mêmes révérences qu'il a faites en montant au Trône,
& lorsqu'il est arrivé près de l'Autel, il
fait les révérences accoutumées en pa-
reilles cérémonies.

Cérémonies de l'Offrande.

Pendant que l'Archevêque officiant fait
l'oblation, & que la Musique chante l'Offertoire, le Roi d'Armes & les Hérauts
vont prendre sur les crédences de l'Autel
les Offrandes qui y ont été mises, & ils
les portent sur des tavaïolles de satin rouge, bordées de franges d'or, aux quatre
Chevaliers de l'Ordre du Saint-Esprit qui
sont placés, comme il a été dit, dans les
quatre premieres hautes stalles du Chœur,
& qui doivent porter ces Offrandes pour
le Roi. Le Roi d'Armes présente au premier de ces Seigneurs un grand vase d'argent doré; les Hérauts donnent au second un pain d'argent, au troisieme le
pain d'or, & au quatrieme une bourse de
velours rouge brodée d'or, dans laquelle
sont treize pieces d'or qui portent la même effigie, inscription & légende que les
médailles distribuées pendant la cérémo-

nie. Ces quatre Chevaliers tenant ces Offrandes, font conduits par le Grand-Maître, le Maître & l'Aide des Cérémonies au Trône du Roi, où ils montent par l'efcalier du côté de l'Evangile, en obfervant de faire au bas, au milieu & au haut de l'efcalier les révérences accoutumées. Le Roi ayant été ainfi invité d'aller à l'Offrande, S. M. defcend de fon Trône par l'efcalier du côté de l'Epître dans cet ordre.

Les Hérauts d'Armes précedent le Grand-Maître, le Maître & l'Aide des Cérémonies : après eux marchent les quatre Chevaliers de l'Ordre du *Saint-Efprit*, le Chancelier de France, le Connétable tenant l'épée nue, & ayant à fes côtés les deux Huiffiers de la Chambre portant leurs Maffes ; les Pairs Eccléfiaftiques à la droite & les Pairs Laïques à la gauche, marchent auprès du Roi, qui tient dans fes mains le Sceptre & la Main de Juftice, ayant à fes côtés fes deux Capitaines des Gardes & les fix Gardes de la Manche : ceux-ci reftent au milieu du Chœur. Le Grand-Ecuyer de France porte la queue du Manteau Royal. A l'égard du Grand-Chambellan & du premier Gentilhomme

de la Chambre, ils restent dans leurs places sur le Jubé, pour garder le Trône. Le
Roi étant arrivé à l'Autel, où l'Archevêque de Reims est assis, le visage tourné
vers le Chœur, Sa Majesté se met à genoux ; & ayant remis le Sceptre à l'un des
Maréchaux de France, & la Main de Justice à l'autre, Elle reçoit la bourse, le pain
d'or & le pain d'argent successivement des
mains de quatre Seigneurs, (1) & présente ces Offrandes à l'Archevêque de Reims,
lui baisant la main à chaque fois. Après
l'Offrande, le Roi reprend son Sceptre &
la Main de Justice, & remonte à son Trône dans le même ordre qu'il en est des-
cendu. Les Pairs Ecclésiastiques montent
par l'escalier du côté de l'Evangile : ils reprennent leurs places à la droite & à la
gauche du Trône de Sa Majesté, & l'Aide
des Cérémonies reconduit les quatre Chevaliers de l'Ordre à leurs places.

Pendant l'Offertoire, un Aumônier du
Roi apporte de l'Autel du Jubé sur le grand
Autel, une grande Hostie & une petite,

---

(1) Au Sacre de Louis XV, ces quatre Seigneurs
étoient, l'un, un Marquis, deux Comtes, & le quatrieme un Maréchal de France.

laquelle doit servir à la Communion du Roi, après avoir, selon l'usage ordinaire, fait l'essai de l'une & de l'autre.

Quand le Célébrant en est à l'Oraison dite la Secrete, il y ajoute la suivante.

PRIONS.	OREMUS.
SAnctifiez, Seigneur, ces dons que nous vous offrons, afin qu'ils deviennent pour nous le Corps & le Sang de votre Fils unique, & qu'ils servent, par votre grace, jusqu'à la fin à notre Roi Louis, pour obtenir le salut de l'ame & du corps, & pour s'acquitter dignement de ses royales fonctions. Par notre Seigneur.	*MUnera, quæsumus, Domine, oblata sanctifica, ut & nobis Unigeniti tui Corpus & Sanguis fiant, & Ludovico Regi nostro ad obtinendam anima corporisque salutem, & ad peragendum injunctum officium, te largiente, usquequaque proficiant. Per Dominum nostrum.*

Avant l'Elévation de la Messe, le Prince représentant le Duc de Bourgogne, ôte au Roi sa Couronne, & la pose sur le Prie-Dieu. Les Pairs Laïques quittent aussi leur Couronne, & les Pairs Ecclésiastiques leur Mitre, & ne les reprennent qu'à la fin du Canon de la Messe, & lorsque le Prince représentant le Duc de Bourgogne, a remis la Couronne fur la tête de Sa Majefté.

Au *Pax Domini*, qui eft après le *Pater*, l'Evêque qui fait l'office de Diacre, fe tourne vers le Chœur, & ayant fa Mitre en tête, & la Croffe de l'Officiant en fa main gauche, annonce la Bénédiction, en chantant ces paroles : *Humiliate vos ad Benedictionem* ; c'eft-à-dire, humiliez-vous pour recevoir la Bénédiction. Le Chœur répond, *Amen*. L'Archevêque Officiant, tourné vers le Chœur, tenant fa Croffe de la main gauche, dit fur le Roi & fur le Peuple, l'Oraifon fuivante.

OREMUS.

BEnedicat † tibi Dominus, cuftodienfque te, ficut te voluit fuper populum fuum conftituere Regem, itâ & in præfenti fæculo felicem, & æterna felicitatis tribuat effe confortem. Amen.

Clerum ac populum, quem fuâ voluit opitulatione, & tuâ fanctione congregari, fuâ

PRIONS.

QUe le Seigneur vous bénifse, & qu'il vous garde : & comme il a voulu vous établir Roi fur fon peuple, il vous comble de profpérités dans le fiecle préfent, & qu'il vous rende participant du bonheur éternel. Ainfi foit-il.

Qu'il vous faffe la grace de gouverner pendant une longüe fuite d'années, felon l'ordre de fa providence, & par votre sage conduite, le Clergé & le peuple qu'il a eu la bonté de réunir avec vous; union que vous avez confirmée par vos promesses. Ainsi soit-il.

Afin qu'en accomplissant la Loi de Dieu, étant à l'abri de toute adversité, comblés de toutes sortes de biens, & vous servant avec amour & fidélité, ils jouissent de la paix dans le siecle présent, & qu'ils méritent d'être réunis avec vous dans la société des citoyens du ciel. Ainsi soit-il.

Que celui dont le regne & l'empire s'étendent dans tous les siecles des siecles, daigne vous accorder cette grace.

Et que la bénédiction de Dieu le Pere tout-puissant, du Fils & du Saint-Esprit, descende sur vous tous, & qu'elle y demeure à jamais. Ainsi soit-il.

dispensatione, & tuâ administratione, per diuturna tempora faciat feliciter gubernari. Amen.

Quatenus, diuinis monitis parentes, adversitatibus omnibus carentes, bonis omnibus exuberantes; tuo ministerio fideli amore obsequentes, & in præsenti sæculo pacis tranquillitate fruantur, & tecum æternorum civium consortio potiri mereantur. Amen.

Quod ipse præstare dignetur, cujus regnum & imperium sine fine permanet, in sæcula sæculorum.

Et benedictio Dei omnipotentis, Pa † tris, & Fi † lii, & Spi † ritûs sancti, descendat super vos, & maneat semper. Amen.

Cérémonie de la Paix donnée.

Auſſi-tôt après que l'Archevêque de Reims a donné cette Bénédiction, les Hérauts d'Armes, le Grand-Maître, le Maître & l'Aide des Cérémonies, ayant fait les révérences ordinaires, le Grand-Maître des Cérémonies en fait une particuliere au Grand-Aumônier de France : ce Prélat ſort de ſa place, & va recevoir de l'Officiant le baiſer de paix ; & à l'inſtant il monte au Jubé dans le même ordre, & avec les mêmes cérémonies qui s'obſervent pour le baiſer de l'Evangile ; & ayant fait au Roi une profonde révérence, il lui donne le baiſer de paix, & enſuite les Pairs Eccléſiaſtiques & les Pairs Laïques, vont recevoir de Sa Majeſté le même baiſer de paix. Pendant ce temps-là, le Grand-Aumônier retourne à ſa place, en obſervant les mêmes révérences qu'il a faites en montant au Trône.

Lorſque l'Archevêque Officiant eſt aux Oraiſons, qu'on appelle la Poſtcommunion, il dit la ſuivante pour le Roi.

PRIONS

QUe cette oraifon falutaire préferve votre ferviteur Louis, notre Roi, de toute adverfité; afin qu'il puiffe jouir de la tranquillité de la paix dans votre Eglife, & qu'il parvienne, après le cours de cette vie, à l'héritage éternel. Par notre Seigneur.

OREMUS.

HÆc, Domine, oratio falutaris famulum tuum Ludovicum Regem ab omnibus tueatur adverfis, quatenùs & Ecclefiafticæ pacis obtineat tranquillitatem, & poft illius temporis decurfum ad æternam perveniat hæreditatem. Per.

Communion du Roi.

La Meffe étant finie, le Roi, avec les Pairs Eccléfiaftiques & Laïques, & les grands Officiers de la Couronne, defcendent du Trône pour la Communion, & dans le même ordre que lorfqu'ils font allés préfenter les Offrandes, fi ce n'eft qu'alors le Grand-Chambellan & le premier Gentilhomme de la Chambre marchent aux deux côtés du Grand-Maître de la Maifon du Roi.

Sa Majefté étant arrivée devant l'Autel, le Prince repréfentant le Duc de Bourgogne, lui ôte la Couronne, & la met entre les mains d'un Maréchal de France. (1) Sa Majefté remet le Sceptre & la Main de Juftice entre les mains des mêmes Maréchaux de France à qui elle les avoit mis lors de l'Offrande. Enfuite le Roi entre fous le Pavillon qui a été dreffé auprès du Grand-Autel du côté de l'Evangile, & où fon Confeffeur l'attend, & il fe réconcilie. Après quoi Sa Majefté vient fe mettre à genoux au bas de l'Autel: l'Archevêque de Reims lui ayant donné l'abfolution dans la forme de l'Eglife, communie le Roi fous les deux efpeces; favoir, d'une petite hoftie qu'il a confa-crée exprès, & du précieux fang de notre Seigneur qu'il a réfervé dans le Calice de faint Remi. (2) Pendant que Sa Ma-

---

(1) Henri II communia avec la grande Couronne fur la tête; Henri IV fe la fit ôter par le Prince de Conti, en approchant de l'Autel, par révérence de la fainte Com-munion; & les Pairs Laïques imitant le Roi, ôterent auffi leurs Couronnes. Louis XIII fuivit l'exemple de fon Pere; Louis XIV fe la fit ôter par Monfieur, qui repré-fentoit le Duc de Bourgogne, avant d'entrer dans le Pa-villon pour la réconciliation, & Louis XV en fit de même.

(2) Le Roi communie à fon Sacre fous les deux ef-peces: cela eft ainfi ordonné dans le Rituel du Sacre dreffé en 1361 par l'ordre du Roi Charles V, & dans celui de Louis XIII.

jeſté communie, la nappe eſt tenue du côté de l'Autel par le Grand-Aumônier du Roi & par ſon premier Aumônier, & du côté du Roi par le Pair repréſentant le Duc de Bourgogne, & par le Pair repréſentant le Duc de Normandie.

Après la Communion, l'Archevêque de Reims remet à Sa Majeſté la Couronne de Charlemagne, qu'elle garde quelques moments, à genoux, en faiſant ſon action de graces, & pendant que le même Prélat fait la purification du Calice. Après quoi le Roi ſe leve, & l'Archevêque lui ôte cette grande Couronne, & lui en met une autre plus petite & plus légere, faite exprès, & enrichie des plus belles pierreries de la Couronne. La grande eſt miſe entre les mains du Maréchal de France ou Seigneur qui eſt déſigné pour la porter devant le Roi dans la marche, & ſur un riche oreiller.

La cérémonie étant achevée, le Grand-Prieur de Saint-Remi reporte la ſainte Ampoule dans le Tréſor de Saint-Remi, dans le même ordre qu'elle a été portée à la Cathédrale. Les quatre Seigneurs qui ont été donnés pour ôtages, y laiſſent les

Guidons de leurs Armes, & on les dé-
charge de leur ferment par un procès-
verbal qui en eft fait.

Retour du Roi à l'Archevêché.

Les Gardes de la Prévôté de l'Hôtel,
qui étoient reftés pendant la cérémonie
du Sacre à la porte de l'Eglife, commencent la marche, ayant à leur tête le Grand-
Prévôt de l'Hôtel : ils font fuivis des Cent-
Suiffes de la Garde marchant deux à deux,
& après leur Capitaine : ils font fuivis des
Hauts-bois, Tambours & Trompettes de
la Chambre : le refte de la marche eft
dans cet ordre.

Les Hérauts d'Armes.

Le Grand-Maître & le Maître des Cérémonies.

Les quatre Chevaliers de l'Ordre du
Saint-Efprit qui ont porté les Offrandes.

Un Maréchal de France portant la Couronne de Charlemagne fur un couffin de
velours violet, & à fes côtés les Maréchaux de France qui avoient porté le
Sceptre & la Main de Juftice.

Le Connétable repréfenté par un Maréchal de France, tenant l'épée nue &

élevée, ayant à ſes côtés les deux Huiſſiers de la Chambre portant leurs Maſſes.

Le Roi ayant ſa Couronne ſur la tête,
& toute brillante de diamans, revêtu de
ſes Habits Royaux, tenant ſon Sceptre
& la Main de Juſtice, marchant au milieu de ſes Pairs, ayant d'un côté l'Archevêque de Reims précédé de ſa Croix &
de ſa Croſſe, accompagné de deux Chanoines aſſiſtants en Chape, & de l'autre
le Prince repréſentant le Duc de Bourgogne : les Pairs Eccléſiaſtiques à la droite
en Chapes & avec leurs Mitres, & les
Pairs Laïques à la gauche, ayant leur Couronne ſur la tête, & le Grand-Ecuyer
portant la queue du Manteau Royal.

Enſuite les deux Capitaines des Gardes
de quartier.

Les ſix Gardes Ecoſſois, ou de la Manche, marchant ſur les ailes du cortege.

Les Officiers des Gardes-du-Corps ferment cette marche, qui ſe fait par la galerie découverte, & qui ſe termine à la
porte de la Chambre du Roi : le tout au
bruit des acclamations de joie du peuple,
qui remplit la Place devant l'Egliſe &
dans les cours de l'Archevêché.

Lorfque le Roi eft arrivé dans fon appartement, Sa Majefté fe deshabille : fes gants & fa chemife qui ont touché aux onctions, font remis au Grand-Aumônier de France pour les bruler. Le Roi s'étant repofé quelque temps, eft revêtu d'autres habits & de fon Manteau Royal par-deffus : Sa Majefté conferve fa Couronne de diamants fur fa tête, le Sceptre & la Main de Juftice font remis aux deux Maréchaux de France qui avoient déja tenu ces honneurs entre leurs mains.

Le Feftin Royal.

La grande falle de l'Archevêché eft deftinée pour ce feftin & richement meublée. Cinq tables y font dreffées : celle du Roi eft placée, felon la coutume, devant la cheminée vis-à-vis la porte de l'appartement de Sa Majefté, fur une eftrade élevée de quatre marches, & fous un dais de velours violet, femé de fleurs de lis d'or en broderie. Les tables des Pairs Eccléfiaftiques & des Pairs Laïques font dreffées à la droite & à la gauche de la falle à égale diftance de l'eftrade du Roi, & de deux pieds plus baffes. Sur la même

ligne & au bout de ces deux tables, il y
en a deux autres ; l'une à droite pour le
Nonce du Pape & les Ambassadeurs in-
vités, & l'autre à gauche, dite la table des
Honneurs, pour le Grand-Chambellan de
France, le premier Gentilhomme de la
Chambre, les Chevaliers de l'Ordre du
Saint-Esprit qui ont porté les Offrandes,
& autres Seigneurs qui ont droit de s'y
placer. (1)

Lorsque tout est prêt, le Grand-Pannetier de France fait mettre le couvert
du Roi, & s'étant rendu ensuite au Go-
belet, il en apporte le cadenas de Sa Majesté, étant accompagné du Grand-Echanson qui porte la soucoupe, les verres &
les carafes du Roi, & du Grand-Ecuyer-
Tranchant, qui porte la grande cuiller,
la fourchette & le grand couteau : ils sont
vêtus d'habits & de manteaux de velours
noir, & doublés de drap d'or. La nef d'or
enrichie de pierreries, est mise au coin
de la table le plus éloigné du Roi, & du
côté droit.

___

(1) Au Sacre du Roi Louis XV, on avoit dressé une Tribune d'où les Princesses voyoient la cérémonie du festin,
ainsi que plusieurs Princes étrangers qui y étoient incognito.

Le Grand-Maître des Cérémonies va enfuite avertir le Grand-Maître de la Maifon du Roi que la viande du Roi eft prête. Le Roi ordonne de faire fervir, & le Grand-Maître fe rend au lieu où les plats font préparés, & un moment après, le premier fervice eft apporté dans l'ordre fuivant :

Les Hautbois, les Trompettes & les Flûtes de la Chambre jouant des fanfares, marchent à la tête.

Les fix Hérauts d'Armes.

Le Grand-Maître & le Maître des Cérémonies.

Les douze Maîtres-d'Hôtel du Roi marchant deux à deux, & tenant leurs Bâtons.

Le premier Maître-d'Hôtel du Roi.

Le Grand-Maître (ou celui qui en fait les fonctions) tenant fon Bâton de commandement, & précédant immédiatement le fervice.

Le Grand-Pannetier de France, portant le premier plat.

Les Gentilshommes fervants de Sa Majefté, portant les autres plats.

Etant tous arrivés dans la Salle, le Grand-Ecuyer

Ecuyer Tranchant range les plats sur la table, les découvre, en fait faire l'essai, & les recouvre, en attendant que S. M. soit arrivée. Cependant le Grand-Maître de la Maison du Roi, précédé du même cortège, va avertir le Roi : alors Sa Majesté se rend à la Salle du festin dans cet ordre.

Les hautbois, les trompettes & les flûtes de la Chambre.

Les six Hérauts d'Armes.

Le Grand-Maître & le Maître des Cérémonies.

Les douze Maîtres-d'Hôtel, deux à deux, tenant leurs bâtons.

Le premier Maître-d'Hôtel.

Les quatre Chevaliers de l'Ordre du St. Esprit, qui avoient porté les offrandes.

Le Maréchal de France, destiné pour porter la Couronne de Charlemagne, sur un carreau de velours violet, marchant au milieu des Maréchaux de France qui avoient porté le Sceptre & la Main de Justice.

Le Grand-Maître de la Maison du Roi, tenant son bâton, & marchant entre le Grand-Chambellan & le premier Gentilhomme de la Chambre.

K

Le Connétable de France, représenté par un Maréchal de France, tenant l'épée nue & droite, ayant à ses côtés les deux Huissiers de la Chambre, portant leurs masses.

Le Roi, avec sa Couronne de diamants sur la tête, tenant dans ses mains le Sceptre & la Main de Justice, ayant à ses côtés l'Archevêque de Reims & le Prince représentant le Duc de Bourgogne.

Les Pairs Ecclésiastiques, revêtus de leur Chapes & la Mitre en tête, marchant sur la droite du Roi, & les Pairs Laïques, revêtus de leur manteau Ducal, & la Couronne sur la tête, marchant sur la gauche.

Les deux Capitaines des Gardes, marchant auprès du Roi.

Les six Gardes de la Manche, ou Ecossois, sur les ailes.

Derrière Sa Majesté, le Grand-Ecuyer, portant la queue du Manteau royal.

Le Chancelier fermant la marche.

Lorsque le Roi est arrivé à sa table, l'Archevêque de Reims fait la bénédiction ordinaire; & dans le même temps, la Couronne de Charlemagne est posée à l'un des coins de la table à droite, le Sceptre à l'un des coins de la même table à gauche, & la Main de Justice à l'autre coin du même côté; le tout sur des carreaux de velours violet.

Les Maréchaux de France qui ont porté ces honneurs dans la cérémonie, se placent auprès, & s'y tiennent debout pendant tout le dîner.

Le Connétable prend sa place devant la table & vis-à-vis du Roi, tenant l'épée nue, & ayant à ses côtés les deux Huissiers, portant leurs masses.

Le Grand-Ecuyer se met derriere le fauteuil de Sa Majesté, & à ses côtés sont les deux Capitaines des Gardes.

Le Grand-Maître se tient debout près de la table & à la droite du Roi : c'est lui qui présente la serviette à Sa Majesté, avant & après le dîner.

Le Grand-Pannetier, le Grand-Echanson & le Grand-Ecuyer Tranchant, se placent devant la table, vis-à-vis de Sa Majesté, pour être à portée de faire les fonctions de leurs charges. Le Grand-Pannetier change les assiettes, les serviettes & le couvert du Roi. Le Grand-Echanson

K 2

lui donne à boire toutes les fois que Sa Majesté en demande, allant à cet effet chercher le verre, le vin & l'eau, dont il fait faire l'essai devant Sa Majesté; & le Grand-Ecuyer Tranchant sert & dessert les plats, & approche ceux dont le Roi veut manger.

Un Aumônier du Roi est auprès de la nef, pour l'ouvrir toutes les fois que le Roi veut changer de serviette.

Le second service est apporté par les Officiers du Roi, avec le même cortege, & le troisieme, qui est celui du fruit, est servi par le Grand-Pannetier de France.

Aussi-tôt que le Roi s'est assis, les Pairs Ecclésiastiques & les Pairs Laïques descendent de l'estrade, & vont se placer aux places qui leur sont destinées : les Pairs Ecclésiastiques à celles de la droite & dans cet ordre.

L'Archevêque de Reims, ayant derriere lui debout les deux Chanoines assistants de la Messe, en Chape, & vis-à-vis deux Ecclésiastiques en Surplis, tenant debout, l'un sa Croix, l'autre sa Crosse. L'Evêque-Duc de Laon, l'Evêque-Duc de Langres, l'Evêque-Comte de Beauvais, l'Evêque-

Comte de Châlons & l'Evêque-Comte de Noyon, font fur la même ligne que l'Archevêque de Reims, tous en Chape & en Mitre. Mais les Evêques de Soiffons, d'Amiens & de Senlis, Suffragants de l'Archevêque de Reims, & qui font placés à la même table, vis-à-vis les trois derniers Pairs, font feulement en rochet & avec le camail violet.

Les Pairs Laïques fe placent à leur table dans l'ordre fuivant.

Le Prince repréfentant le Duc de Bourgogne, fe met à la premiere place ; le Prince repréfentant le Duc de Normandie ; celui qui repréfente le Duc d'Aquitaine ; celui qui repréfente le Comte de Touloufe ; celui qui repréfente le Comte de Flandres, & celui qui repréfente le Comte de Champagne, occupent les cinq autres places, fur la même ligne : ils ont tous les mêmes habits & manteaux dont ils étoient revêtus dans la cérémonie du Sacre, & leur Couronne fur la tête.

Le Nonce du Pape & les Ambaffadeurs fe placent à leur table de la maniere fuivante.

K 3

Le Nonce a la premiere place du côté des fenêtres; l'Ambassadeur d'Espagne vis-à-vis de lui; l'Ambassadeur de Sardaigne à côté du Nonce; l'Ambassadeur de Hollande vis-à-vis celui de Sardaigne, & l'Ambassadeur de Malte à côté de ce dernier. Le Chancelier vis-à-vis l'Ambassadeur de Malte, après lequel sont assis, sur la même ligne, les deux Introducteurs des Ambassadeurs.

A la table dite des honneurs, qui est vis-à-vis celle des Ambassadeurs, & au-dessous de celle des Pairs Laïques, sont placés, sur la même ligne, le Grand-Chambellan de France, le premier Gentilhomme de la Chambre, les quatre Chevaliers de l'Ordre du Saint-Esprit qui ont porté les offrandes, tous revêtus des mêmes habits qu'ils avoient à la cérémonie du Sacre.

Ces quatre dernieres tables sont servies par les Officiers du Corps-de-Ville, & par les notables Bourgeois; & toutes, même celle du Roi, aux dépens de la Ville de Reims.

Dans ce Festin Royal, le Roi est toujours seul à sa table, à moins qu'il n'ait des freres; auquel cas, ces Princes se placent à la gauche du Roi, comme il s'obferva au Sacre de Louis XIV, où Monfieur, frere unique du Roi, tint ce rang.

Lorfqu'il y a une Reine, on lui dreffe une efpece de tribune ou balcon, élevé dans la Salle, d'où elle peut commodément, avec les Princeffes & les Dames de la Cour, voir dîner le Roi, comme il a été obfervé en plufieurs Sacres.

Lorfque le Roi a dîné, l'Archevêque de Reims s'avance vers la table, & dit les Graces. Enfuite Sa Majefté reprend le Sceptre & la Main de Juftice, & eft reconduite dans fon appartement, précédée par les Pairs & autres grands Officiers, dans le même ordre & avec les mêmes cérémonies qui ont été obfervées lorfqu'elle eft venue à table. Après quoi tous les Princes, Seigneurs & Officiers fe retirent, & le Roi va prendre quelque repos, dont il a befoin après une fi grande cérémonie. En même-temps, c'eft-à-dire, vers les trois heures après-midi, le Connétable, repréfenté par un Maréchal de France, le Grand-Maître, les Seigneurs qui ont porté la Couronne, le Sceptre & la

K 4

main de Juſtice, le Capitaine des Gardes,
le Grand-Maître des Cérémonies, le Maître & ſon Aide, & autres Officiers, ſe
retirent à l'Hôtel-de-Ville, où ils ſont
traités & ſervis à pluſieurs tables aux dépens de la Ville.

Cavalcade à Saint-Remi le lendemain du Sacre.

Nos Rois ont coutume d'aller en ca-
valcade à Saint-Remi le lendemain du Sacre, pour y entendre la Meſſe. Dès le
matin, les Régiments des Gardes-Fran-
çoiſes & Suiſſes ſe mettent en haie, &
occupent les rues qui conduiſent du Palais Archiépiſcopal à cette Abbaye. Sur
les dix heures, le Roi part, & la marche
ſe fait dans cet ordre:

Les Grenadiers à cheval.

Les deux Compagnies des Mouſquetai-
res, les Officiers à leur tête.

Les Chevaux-Légers de la Garde.

Les Gardes de la Prévôté de l'Hôtel
marchant à pied deux à deux, avec le
Grand-Prévôt de l'Hôtel à leur tête, & à
cheval.

Pluſieurs Seigneurs de la Cour magnifiquement habillés, & montés fur des chevaux richement harnachés.

Trois chevaux du Roi, dont les équipages font couverts de caparaçons de velours bleu brodés en or & en argent, menés en main par des Palefreniers de l'Ecurie du Roi.

Douze Pages à cheval, favoir, fix de la Chambre, trois de la Grande-Ecurie, & trois de la petite.

Les Trompettes de la Chambre.

Les Cent-Suiffes de la Garde dans leurs habits de cérémonie, leur Capitaine étant à cheval à leur tête.

Plufieurs Maréchaux de France, & plufieurs Chevaliers des Ordres du Roi à cheval, fans obferver de rang entre eux.

Le Grand-Ecuyer de France marchant à cheval devant Sa Majefté.

Le Roi vêtu d'un habit de la plus grande magnificence, & monté fur un cheval fuperbement harnaché, dont les rênes font tenues par deux Ecuyers de S. M.

Quatre autres Ecuyers marchant à pied autour du Roi.

Les deux Capitaines des Gardes à cheval aux côtés du Roi.

Les six Gardes Ecossois marchant à pied sur les ailes.

Derriere le Roi, le Grand-Chambellan, le premier Gentilhomme de la Chambre, le premier Ecuyer du Roi.

Les Princes du Sang, ayant chacun auprès d'eux un de leurs premiers Officiers.

Les Officiers des Gardes-du-Corps de quartier, marchant à la tête du Guet de ces mêmes Gardes.

Les quatre Compagnies des Gardes-du-Corps.

Les Gendarmes de la Garde fermant la marche.

Le Roi, après avoir traversé la grande rue qui conduit à l'Abbaye Saint-Remi, au bruit des acclamations du peuple, est reçu & complimenté à la porte de l'Eglise de cette Abbaye par le Grand-Prieur à la tête de ses Religieux en Chape. Sa Majesté entre dans le Chœur; elle y entend une Messe basse, qui est dite par un Chapelain du Roi, pendant laquelle la Musique du Roi chante un Motet.

Après la Messe, le Roi va faire sa priere derriere le Grand-Autel près du tombeau de faint Remi, dont on a tiré la Chaffe pour la faire voir à Sa Majefté, à qui on montre enfuite la fainte Ampoule.

Pendant ce temps-là les Troupes de la Maifon du Roi fe mettent en marche, & Sa Majefté retourne au Palais Archiépifcopal dans le même ordre qu'on vient de voir, & par les mêmes rues où les Régiments des Gardes Françoifes & Suiffes font reftés en haie & fous les armes.

Cérémonies des Chevaliers ᐟe *l'Ordre du Saint-Efprit, où le Roi eft reçu Grand-Maître-Souverain de l'Ordre.*

Le même jour, le Commandeur-Prévôt & Maître des Cérémonies de l'Ordre du Saint-Efprit fait affembler tous les Commandeurs, Chevaliers & Officiers de l'Ordre, & on y délibere fur ce qui doit être obfervé le lendemain en la cérémonie dans laquelle le Roi doit être reçu Grand-Maître-Souverain de l'Ordre.

Les mêmes tentures, tribunes & amphithéâtres qui ont fervi à la cérémonie du Sacre dans l'Eglife Métropolitaine de Reims, fervent à celle-ci, & le Prévôt des Cérémonies donne les ordres néceffaires pour que cette Eglise foit ornée d'une maniere convenable à une cérémonie auffi augufte, & en même-temps pour difpofer les places & les féances.

Le Grand-Autel eft paré des ornements de l'Ordre du Saint-Efprit, & l'on éleve un dais au-deffus. Le Trône fur lequel le Roi doit être placé pendant les Vêpres & les Complies, eft dreffé fous un dais à la premiere plac à droite en entrant dans le Chœur, & il eft auffi paré des ornements de l'Ordre. On éleve près de l'Autel du côté de l'Evangile & attenant la tribune des Ambaffadeurs, un autre Trône & un dais femblable, fous lequel Sa Majefté doit figner fon ferment, & recevoir le Manteau & le Collier de l'Ordre du Saint-Efprit. Les Armoiries du Roi & celles de tous les Chevaliers font mifes au-deffus des ftalles qu'ils doivent occuper fuivant leur dignité & le rang de leur réception. Les bancs de ceux qui doivent affifter à cette cérémonie, font rangés à droite & à gauche, à peu près de la même maniere qu'ils l'étoient le jour du Sacre; mais avec cette différence qu'on ôte plufieurs de ceux qui étoient du côté de l'Evangile, afin que les Chevaliers puiffent être aux avenues du Trône du Roi, & que les Officiers aient la liberté de faire les fonctions de leurs charges.

La galerie découverte qui conduit de l'appartement du Roi au Grand-Portail de l'Eglife Métropolitaine, eft ornée à droite du côté de l'Eglife de riches tapifferies, & de l'autre côté de tapis à hauteur d'appui.

Le lendemain, fur les trois heures après-midi, les Cardinaux, les Archevêques & les Evêques invités à cette cérémonie, arrivent en Corps : ils font reçus & conduits avec les cérémonies ordinaires dans le Sanctuaire, où ils fe placent fur les formes qui leur font deftinées auprès de l'Autel du côté de l'Epître, les Cardinaux occupant la forme la plus avancée. Les Aumôniers du Roi fe mettent fur un banc derriere les Evêques.

Le Chancelier en habit de cérémonie, fe place dans un fiege à bras fans doffier, qui eft au-deffous des formes occupées par le Clergé, & il eft accompagné de plufieurs Confeillers d'Etat & Maîtres des Requêtes, qui prennent leurs féances fur le même banc que le jour du Sa-

cre, & les Secrétaires du Roi fur le banc
derriere les Maîtres des Requêtes. Les formes préparées du côté de l'Evangile, vis-
à-vis celles du Clergé & du Conſeil, ſont
occupées par les principaux Officiers de
Sa Majeſté & les Seigneurs de ſa Cour.
La Reine, les Princeſſes du Sang & les
Dames de la Cour aſſiſtent à cette cérémonie dans la même Tribune où elles
étoient pendant le Sacre, ainſi que les
Princes, qui gardent l'incognito pendant
leur ſéjour à Reims.

Le Nonce du Pape & les Ambaſſadeurs
occupent la Tribune qui eſt de l'autre
côté, & un grand nombre de perſonnes
de diſtinction occupent les amphithéâtres
dreſſés au-deſſus des ſtalles des Chanoines.

Les Commandeurs, Chevaliers & Officiers de l'Ordre du Saint-Eſprit, tous revêtus du grand habit de cérémonie de cet
Ordre, s'étant aſſemblés dans l'appartement du Roi, le Prévôt vient annoncer
à Sa Majeſté que tout eſt diſpoſé pour la
cérémonie, & le Roi ordonne qu'on ſe
mette en marche, ce qui s'exécute dans
l'ordre qui ſuit.

Les Gardes de la Prévôté de l'Hôtel, revêtus de leurs Hoquetons, le Grand-Prévôt de l'Hôtel à leur tête.

Les Cent-Suisses de la Garde en habit de cérémonie, Tambours battant, Drapeaux déployés, leur Capitaine à leur tête.

Les Tambours, Trompettes & Fifres des Ecuries du Roi.

Les six Hérauts d'Armes dans leurs habits de cérémonie.

L'Huissier des Ordres du Roi, vêtu de son habit de l'Ordre du Saint-Esprit, & portant sa Masse.

Le Héraut des Ordres du Roi, vêtu de même.

Le Commandeur, Prévôt & Maître des Cérémonies, revêtu de son habit & grand Manteau de cérémonie de l'Ordre, ayant à sa droite le Grand-Trésorier, & à sa gauche le Secrétaire des Ordres, vêtus de leurs habits de cérémonie de l'Ordre.

Le Chancelier des Ordres du Roi, revêtu de son habit de cérémonie.

Deux ou trois Seigneurs qui doivent être reçus Chevaliers, marchant seuls l'un après l'autre en habits de Novice d'étoffe d'argent, portant l'épée argentée à fourreau blanc.

Les Chevaliers revêtus du grand Manteau de l'Ordre, avec le Collier par-dessus, & marchant deux à deux.

Les Princes du Sang, Chevaliers, marchant seuls l'un après l'autre.

Le Roi en habit de Novice, ayant à ses côtés le Grand-Aumônier de France, & son premier Aumônier, tous deux Commandeurs de l'Ordre du Saint-Esprit.

Les deux Capitaines des Gardes de Sa Majesté, le Grand-Chambellan de France, le premier Gentilhomme de la Chambre destiné à porter la queue du Manteau Royal, & plusieurs autres principaux Officiers de la Maison du Roi.

Les deux Huissiers de la Chambre dans leurs habits de cérémonie de satin blanc, portant leurs Masses.

Les six Gardes Ecossois vêtus comme ils l'étoient au Sacre, marchant aux deux côtés du Roi.

C'est dans cet ordre qu'on va, depuis l'appartement du Roi, au sortir duquel tous ceux qui composent cette marche, se couvrent, jusqu'au Portail de l'Eglise Métropolitaine, par la galerie découverte dont on vient de parler. On traverse toute

la

la Nef de l'Eglife fans fe découvrir : cette
Nef eft bordée par les Cent-Suiffes, les
Tambours, les Fifres & les Trompettes
de la grande Ecurie, & par une multitude
prodigieufe de peuple rangée en haie ; les
Gardes de la Prévôté de l'Hôtel étant reftés, fuivant l'ufage, à la porte de l'Eglife.

En arrivant dans le Chœur, l'Huiffier,
le Héraut, & enfuite les quatre grands
Officiers de l'Ordre fe découvrent : ils
avancent jufqu'au milieu du Chœur, &
là ils font les révérences accoutumées en
pareille cérémonie : (1) ils vont enfuite
fe ranger vis-à-vis leurs fieges, qui font
des tabourets couverts des houffes de l'Ordre, & qui font placés au bas du Chœur ;
favoir, celui du Chancelier devant le Trône du Roi, & à une diftance raifonnable :
celui du Maître des Cérémonies plus en
avant & entre celui du Grand-Tréforier,
à la droite, & celui du Secrétaire à la gauche : celui du Héraut eft placé feul en
avant, & celui de l'Huiffier prefque au
milieu du Chœur.

_____

(1) Ces fortes de révérences font à peu près les mêmes
que celles que font les femmes : on ne s'incline point,
on fléchit feulement les genoux.

L

Les deux Princes ou Seigneurs qui doivent être faits Chevaliers, entrent ensuite l'un après l'autre : après avoir fait les révérences ordinaires, ils vont prendre leurs places de Novice au bas du Chœur, du côté de l'Evangile, & ils se tiennent debout devant les tabourets qui y ont été placés. Les Chevaliers entrent ensuite, toujours deux à deux; & après avoir fait les révérences accoutumées, ils se rangent aux deux côtés du Chœur, vis-à-vis les places qu'ils doivent occcuper pendant les Vêpres, & ils y restent jusqu'à ce que le Roi soit arrivé.

Sa Majesté étant entrée dans le Chœur, salue l'Autel : puis Elle monte sur son Trône, placé au bas du Chœur, à droite en entrant; les Chevaliers montent à leurs places. Le Grand-Aumônier se met dans l'une des stalles basses au-dessous, & à la gauche du Roi; & l'Aumônier du Roi de quartier, se place auprès de lui. Les Evêques Commandeurs de l'Ordre du Saint-Esprit, s'il s'en trouve dans cette Cérémonie, vont se placer dans le Sanctuaire du côté de l'Epître, sur un banc destiné aux Commandeurs Ecclésiastiques, & qui

eft fur la même ligne que le fauteuil de l'Archevêque de Reims Officiant, dont il n'eft
féparé que par un tabouret, occupé par un
des Affiftants. Les deux Capitaines des
Gardes-du-Corps font aux deux côtés du
fauteuil du Roi. Le Grand-Chambellan de
France, le premier Gentilhomme de la
Chambre, font de même auprès de Sa Majefté. Les Princes du Sang font à la droite
du Roi.

Les féances étant prifes, les quatre
Grands-Officiers de l'Ordre, précédés du
Héraut & de l'Huiffier, fortent de leurs
places, & vont vis-à-vis de l'Autel faire
leurs révérences comme auparavant : puis
étant retournés à leurs places, & s'étant
couverts, comme le font le Roi & tous
les Chevaliers, le Maître des Cérémonies, précédé du Héraut & de l'Huiffier,
va faire une révérence à l'Autel; enfuite
il vient en faire une au Roi, pour favoir
de Sa Majefté fi l'on commencera l'Office,
& il va avertir l'Archevêque de Reims de
commencer. Ce Prélat eft dans ce moment en Chape & en Mitre près de l'Autel, & il eft affifté de trois Chapelains de
la Chapelle du Roi, affis à fes côtés, &

de trois Clercs de la même Chapelle, qui font debout. On commence les Vêpres, qui font chantées par les Muficiens de la Chapelle du Roi. Avant l'Hymne, le Maître des Cérémonies, précédé du Héraut & de l'Huiffier, va faire une révérence au Roi, pour l'avertir de fe mettre à genoux, & de fe découvrir, & il obferve la même cérémonie au *Magnificat*, pour avertir Sa Majefté de fe lever.

Après que les Vêpres font finies, & que l'Archevêque de Reims a dit l'Oraifon, les quatre grands Officiers de l'Ordre, précédés du Héraut & de l'Huiffier, fortent de leurs places, & s'étant avancés jufqu'aux marches du Sanctuaire, ils recommencent leurs révérences, & vont prendre leurs places fur l'eftrade du Trône élevé pour le Roi près l'Autel, du côté de l'Evangile ; favoir, le Chancelier à côté du Trône, à la droite ; le Prévôt & Maître des Cérémonies, à côté du Trône, à la gauche ; le Grand - Tréforier, fur l'eftrade ; après le Chancelier, le Secrétaire de l'Ordre, auffi fur l'eftrade ; après le Maître des Cérémonies, le Héraut & l'Huiffier au bas de l'eftrade, le premier à droite, & l'autre à gauche.

Pendant que ces Officiers prennent leurs séances, les Chevaliers de l'Ordre descendent de leurs stalles, & s'avancent deux à deux jusqu'aux marches du Sanctuaire, où, après avoir fait les mêmes révérences, ils montent au Sanctuaire, & se placent, suivant leur rang, aux avenues du Trône, en observant que les plus éminents en dignité, en soient le plus près.

Le Roi descend alors du Trône où il a entendu les Vêpres, & Sa Majesté marche à l'Autel, précédée de deux Huissiers portant leurs masses, & suivie du Grand-Aumônier de France, de ses deux Capitaines des Gardes, du Grand-Chambellan, & du Seigneur nommé pour porter la queue de son manteau. Les six Gardes de la Manche marchent aux deux côtés de Sa Majesté. Le Roi étant arrivé au pied du Sanctuaire, y fait ses révérences, & monte à son Trône, près de l'Autel. Le Grand-Aumônier de France se place sur l'estrade à la droite du Roi, entre le Chancelier & le Grand-Trésorier de l'Ordre.

L'Archevêque de Reims fort dans ce moment de sa place, & vient au Trône du Roi, où l'on apporte un fauteuil qui est mis sur l'estrade, vis-à-vis de Sa Majesté. Ce Prélat s'étant assis, demande au Roi, s'il veut signer le Serment de l'Ordre du Saint-Esprit, qu'il a fait à son Sacre : à quoi Sa Majesté ayant consenti, le Secrétaire de l'Ordre le lui présente à signer, ainsi que la profession de foi écrite dans un Regiftre, où les Rois, prédécesseurs de Sa Majesté, & les Chevaliers, ont tous signé, depuis l'établissement de l'Ordre du Saint-Esprit, & dans lequel le Roi signe aussi.

Sa Majesté s'étant levée, ôte sa toque, la remet au Grand-Aumônier, & celui-ci à l'Aumônier de quartier. Le Grand-Chambellan, qui est derriere le fauteuil du Roi, lui ôte son capot de Novice. Alors Sa Majesté s'étant mise à genou sur un carreau, elle reçoit des mains de l'Archevêque de Reims la Croix de l'Ordre du Saint-Esprit, attachée à un Cordon-Bleu, que ce Prélat lui passe au cou. Le Maître des Cérémonies qui est au côté gauche du fauteuil du Roi, lui

met le manteau fur les épaules, & l'atta-
che. Puis l'Archevêque de Reims ayant
reçu le Collier de l'Ordre des mains du
Grand-Tréforier, le paffe au cou de Sa
Majefté. Après quoi il lui préfente les
Statuts & l'Office de l'Ordre avec un di-
zain, lefquels ont été remis à ce Prélat
par le Généalogifte des Ordres du Roi.

Cette cérémonie achevée, Sa Majefté fe
releve, fe couvre, fe remet dans fon
fauteuil, & l'Archevêque de Reims retourne prendre fa place dans le Sanctuaire, du côté de l'Epître. Tous les Chevaliers viennent au Trône baifer la main
au Roi, comme Grand - Maître - Souverain de l'Ordre, chacun felon leur rang,
les plus éminents en dignité les premiers,
& ils retournent reprendre leurs places.
Les Officiers de l'Ordre ont auffi l'honneur de baifer la main de Sa Majefté,
& ils fe remettent à leurs places, fur
l'eftrade du Trône auprès du Roi.

La cérémonie finie, l'Archevêque de
Reims entonne le *Veni, Creator*, qui eft
continué par les Muficiens de la Chapelle
du Roi. Pendant cette Hymne, le Maître des Cérémonies, précédé du Héraut

& de l'Huiſſier, deſcend du Trône, en faiſant une révérence au Roi : il va enſuite avertir les Princes, ou les Chevaliers, qui doivent être parreins des Seigneurs qui feront reçus Chevaliers, de les conduire au Trône du Roi. Après quoi il va prendre ces deux Novices qui font reſtés au bas du Chœur pendant qu'on a reçu le Roi Grand-Maître. Ces deux Seigneurs, conduits par leurs parreins, & précédés du Prévôt & Maître des Cérémonies, du Héraut & de l'Huiſſier, étant arrivés au bas du Sanctuaire, y font leurs révérences : ils montent ſur l'eſtrade du Trône du Roi, après avoir fait, en y arrivant, une nouvelle révérence à Sa Majeſté. S'étant mis à genoux ſur des carreaux, ils liſent le Serment de l'Ordre qui leur eſt préſenté par le Secrétaire, ils le ſignent à genoux, ainſi que la profeſſion de foi écrite ſur le même regiſtre où le Roi a ſigné, le Chancelier de l'Ordre tenant le livre des Evangiles ouvert ſur les genoux du Roi pendant le ſerment. Le Héraut ôte à ces deux Seigneurs leur capot de Novice ; le Grand-Tréſorier préſente à Sa Majeſté le Cordon-Bleu, au bas duquel pend la Croix de l'Ordre ; le Roi le leur paſſe au cou ſur l'habit de Novice, en diſant à chacun d'eux : *Recevez de notre main le Collier de notre Ordre benoît du Saint - Eſprit, au nom du Pere, & du Fils & du Saint-Eſprit.* En même-temps le Maître des Cérémonies les revêt du grand manteau de l'Ordre, & le Grand-Tréſorier ayant préſenté le Collier à Sa Majeſté, le Roi le leur paſſe au cou ſur le grand Manteau. Ces deux Seigneurs ſe relevent, font une révérence au Roi, en deſcendant du Trône, & vont ſe mettre dans le rang qu'ils doivent occuper près de l'Autel. Enſuite le Maître des Cérémonies ayant fait une révérence au Roi, les Officiers qui étoient reſtés ſur l'eſtrade près de Sa Majeſté, en deſcendent, s'avancent au milieu du Chœur vis-à-vis l'Autel, y recommencent leurs révérences, étant précédés du Héraut & de l'Huiſſier ; puis ils retournent aux places qu'ils ont occupées pendant les Vêpres. Le Roi deſcend alors de ſon Trône, & Sa Majeſté étant ſuivie de tous ceux qui l'y avoient accompagnée, s'arrête devant le Sanctuaire; elle y fait les mêmes révérences qu'elle y avoit fait en y arrivant; après quoi elle retourne à son Trône placé au bas du Chœur.

Les Muſiciens de la Chapelle du Roi commencent les Complies, & lorſqu'elles ſont finies, les quatre grands Officiers, précédés du Héraut & de l'Huiſſier, s'avancent au milieu du Chœur juſqu'auprès du Sanctuaire : ils y recommencent leurs révérences, & ſe mettent en marche pour reconduire le Roi dans ſon appartement. Les Chevaliers deſcendent de leurs places, & après avoir fait deux à deux leurs révérences, ils ſuivent les grands Officiers de l'Ordre dans le même rang qu'ils ſont venus. Alors le Roi deſcend de ſon Trône, fait une révérence à l'Autel, & ſe met en marche, étant précédé & ſuivi comme il l'avoit été en arrivant, des mêmes perſonnes qui avoient eu l'honneur de l'accompagner. Sa Majeſté retourne au Palais Archiépiſcopal par la même galerie découverte, dans le même ordre de ſon arrivée à l'Egliſe, avec cette ſeule différence, que le Roi eſt revêtu du Collier de l'Ordre du Saint-Eſprit

& du grand Manteau, dont la queue eſt portée par le même Seigneur qui avoit fait cette fonction lors de la cérémonie.

En arrivant dans l'appartement du Roi, les Commandeurs, les Chevaliers & les Officiers ſe rangent en haie à droite & à gauche, chacun ſuivant leur rang & dignité, pour voir paſſer S. M. & ſe retirent auſſi-tôt qu'elle eſt entrée dans ſa Chambre.

Le lendemain, les Cardinaux, les Archevêques & les Evêques qui compoſent le Clergé, invités à la cérémonie du Sacre, s'aſſemblent dans la Chapelle du Palais Archiépiſcopal pour aller à l'audience du Roi, & le complimenter. Un Archevêque portant la parole au nom du Clergé, remercie Sa Majeſté de la protection qu'elle a toujours accordée au Clergé, & des nouvelles aſſurances que le Roi lui en a données le jour de ſon Sacre : ils ſont préſentés à l'audience du Roi avec les cérémonies accoutumées, par le Secrétaire d'Etat qui eſt chargé de ce qui concerne le Clergé, & ils ſont conduits par le Grand-Maître & le Maître des Cérémonies. (1)

_____

(1) Le tout ainſi qu'au Sacre de Louis XV.

Revue des Troupes de la Maison du Roi.

L'après-midi du même jour, le Roi, accompagné dans son carroffe des Princes du Sang, se rend au camp formé près du chemin de Châlons, entre la ville de Reims & le village de Saint-Léonard. Les Gendarmes de la Garde ferment la gauche, & sur la même ligne à droite, les Chevaux-Légers de la Garde, les deux Compagnies des Mousquetaires, les Gardes Suisses, les Gardes Françoises, les quatre Compagnies des Gardes-du-Corps ferment la droite, au-delà desquelles & sur la même ligne les Grenadiers à cheval sont campés.

Sa Majesté étant montée à cheval, fait la revue des Troupes de sa Maison & des Régiments des Gardes-Françoises & Suisses. Ensuite Sa Majesté ordonne à ses Troupes de rentrer dans le camp : elles se rangent en haie & sans armes devant leurs tentes, où le Roi les voit une seconde fois. (1)

_____

(1) Au Sacre de Louis XV & lors de cette revue, ce Prince repaffa le long de la ligne , en defcendant de cheval, & avant de remonter en carroffe, il trouva à la tête

Du Toucher des malades, & de la Neu-vaine à saint Marcoul (1).

Autrefois nos Rois avoient coutume de partir le troisieme jour après le Sacre, pour aller à Corbigny visiter l'Eglise de Saint-Marcoul, & y toucher les malades des écrouelles, qui s'y rendoient toujours en très-grand nombre. Ce pieux péléri-nage avoit été introduit par le Roi saint Louis, & ses Successeurs imiterent son exemple. Mais nos derniers Rois, empê-chés, ou par les guerres, ou parce que ce voyage souffroit quelques difficultés,

du camp les Officiers des Troupes de sa Maison qui avoient été nommés Chevaliers de Saint-Louis, tous à genoux, formant une enceinte d'environ cent cinquante pas, dans laquelle étant entré avec S. A. R. Monsieur le Duc d'Or-léans, les autres Princes du Sang, ses Capitaines des Gar-des, & le Secrétaire d'Etat ayant le département de la guer-re; le Grand-Prévôt, Maître des Cérémonies & Grand-Croix de l'Ordre de Saint-Louis, fit lever la main aux Che-valiers qui devoient être reçus, lut le serment accoutumé, & Sa Majesté ayant l'épée nue à la main, commença la réception à l'ordinaire par ceux des Gardes-du-Corps, & continua de suite : le Trésorier de l'Ordre de Saint-Louis présenta les Croix à Sa Majesté, à mesure que chaque Chevalier étoit reçu.

(1) Saint-Marcoul est un Prieuré dans le Diocese de Laon, dépendant de l'Abbaye de Saint-Remi en Champa-gne, & où sont gardées les Reliques de ce Saint.

fe font contentés de fe rendre en cérémonie à l'Eglife de l'Abbaye Saint-Remi,
où ils font apporter en Proceffion la Chaffe
de faint Marcoul, & là ils y commencent
une neuvaine qui eft continuée par l'un
des Aumôniers de S. M. c'eft ainfi qu'en
ont ufé les Rois Louis XIV & Louis XV.

Dans cette cérémonie le Roi eft vêtu
d'un Manteau de drap d'or, par-deffus
lequel il a le Collier de l'Ordre du Saint-
Efprit : Sa Majefté eft accompagnée dans
fon carroffe des Princes du Sang. Etant
arrivée à la porte de l'Eglife, elle y eft
reçue par les Religieux, tous en Chape,
avec les cérémonies ordinaires, & elle y
entend une Meffe baffe, après laquelle
Sa Majefté va toucher les malades des
écrouelles. (1)

Après la Meffe, felon la même relation, le Roi alla faire fa priere devant la
Chaffe de faint Marcoul, placée près de
l'Autel du côté de l'Evangile. Sa Majefté

---

(1) Dans la relation du Sacre de Louis XV, il y eft
dit, que cette Meffe fut célébrée par le Grand-Aumônier
de France, que Sa Majefté y communia, la nappe étant
tenue du côté du Roi par M. le Duc d'Orléans & M. le
Duc de Chartres, & du côté de l'Autel par deux Aumôniers de quartier.

entra enfuite dans le parc de l'Abbaye,
pour y toucher plus de deux mille malades des écrouelles, qui étoient rangés dans
les allées de ce parc. Le Roi étoit précédé des Gardes de la Prévôté de l'Hôtel, des Cent-Suiffes de la Garde, des
Gardes-du-Corps & d'un grand nombre
de Seigneurs de la Cour. Les deux Huiffiers de la Chambre portant leurs Maffes,
marchoient devant Sa Majefté, autour de
laquelle étoient les fix Gardes Ecoffois.
Le premier Médecin, & plufieurs Méde-
cins & Chirurgiens du Roi étoient devant
Sa Majefté, qui avoit à fes côtés fes deux
Capitaines des Gardes. Le premier Médecin appuyoit fa main fur la tête de chacun des malades, dont un des Capitaines
des Gardes tenoit les mains jointes. Le
Roi, la tête découverte, les touchoit, en
étendant la main droite du front au men-
ton & d'une joue à l'autre, formant le
figne de la Croix, & en prononçant ces
paroles : *Dieu te guériffe, le Roi te touche.*
Le Grand-Aumônier, qui étoit toujours
auprès du Roi pendant la cérémonie, dif-
tribuoit des aumônes aux malades qui
avoient été touchés.

Trois Chefs de Gobelets se trouverent à l'endroit où finissoit le dernier rang des malades que Sa Majesté toucha, ayant trois serviettes fraisées & mouillées différemment, qu'ils tenoient chacun entre deux assiettes d'or, dont le Roi se lava les mains. La premiere, imbibée de vinaigre, fut présentée par M. le Duc d'Orléans ; la seconde, mouillée d'eau commune, par M. le Duc de Chartres ; & la troisieme, trempée d'eau de fleur d'orange, par M. le Duc de Bourbon.

De la délivrance des Prisonniers.

Toutes ces cérémonies finissent par un acte de clémence digne de la majesté & de la puissance de nos Rois : savoir, l'abolition & le pardon général qu'ils accordent aux criminels ; coutume aussi ancienne que la Monarchie. C'est le Grand-Aumônier de France qui est chargé de la délivrance de ces prisonniers. Selon la relation du Sacre de Louis XV, le Prélat, en camail & en rochet, assisté de deux Aumôniers du Roi, en rochet, se rendit aux Prisons de la Ville, pour donner la liberté aux criminels auxquels Sa Majesté vouloit

vouloit bien accorder la grace, à l'occasion de son Sacre. Le Cardinal de Rohan ayant fait assembler ces prisonniers, qui étoient au nombre de plus de six cents, leur parla d'une maniere très-touchante, pour les engager à mériter, par leur conduite, la grace que le Roi leur avoit accordée : ensuite il leur apprit les ordres que Sa Majesté avoit donnés pour faire expédier *gratis* toutes leurs graces, & faire fournir des secours à ceux qui en avoient besoin pour retourner chez eux.

Le Grand-Aumônier étant sorti des prisons pour retourner à l'Archevêché, fut suivi de tous ces prisonniers, qui allerent donner les premiers témoignages de leur reconnoissance, par des acclamations de *Vive le Roi*, dont ils firent retentir tous les environs de l'Archevêché.

Après que les prisonniers eurent été délivrés, quatre Maîtres des Requêtes, qui avoient été nommés par Sa Majesté pour examiner les informations faites sur les différents crimes, & dont quelques-uns étoient exclus du pardon accordé par le Roi, (1) se rendirent dans l'appartement

_____

(1) Les crimes exceptés du pardon, & que le Roi & son

M

de Sa Majesté, & lui furent présentés par le Grand - Aumônier, qui rendit compte au Roi de l'exactitude avec laquelle ils s'étoient acquittés de cette commission.

Départ du Roi.

Le jour fixé du départ du Roi de la ville de Reims, pour retourner à Paris, étant venu, Sa Majesté, après avoir entendu la Messe dans la Chapelle du Palais Archiépiscopal, monte en carrosse, accompagnée des Princes du Sang; le vol du Cabinet marche toujours auprès du carrosse pendant la route. Les Brigades de quartier des Gendarmes & des Chevaux-Légers de la Garde, les détachements des deux Compagnies de Mousquetaires, & le Guet des Gardes-du-Corps, les Officiers à leur tête, marchent devant & après le carrosse du Roi, dans leurs rangs or-

Conseil ont trouvés irrémissibles, sont les duels, les vols de grands chemins, les crimes de leze-Majesté divine & humaine, le poison, la fausse monnoie, le rapt, le viol, les incendies prémédités, les assassinats de guet-à-pens, les faux-sauniers, contrebandiers en attroupement avec port d'armes, ceux qui sont condamnés à garder prison par les Maréchaux de France, les faussetés commises par les Officiers de Justice, les déserteurs, & les prisonniers pour amendes au profit du Roi.

dinaires. Le Roi fort de la Ville au bruit
de plufieurs falves d'artillerie qui eft fur
les remparts, & le Gouverneur de la Province de Champagne fe trouve fur le paffage du Roi, à la tête du Corps-de-Ville.

Le même jour les Troupes de la Maifon du Roi, & les Régiments des Gardes-
Françoifes & Suiffes, quittent le camp de
Reims, & reprennent la route de leurs
quartiers.

Au refte, nos derniers Rois ont imité
la piété de leurs auguftes ancêtres, en allant à Saint-Denis au retour de leur Sacre,
pour mettre leurs Perfonnes & leur Royaume fous la protection des Apôtres de la
France.

CÉRÉMONIES
DU SACRE ET COURONNEMENT
DES REINES DE FRANCE.

Es Cérémonies font prefque auffi anciennes que celles des Rois de France, avec lefquelles elles ont beaucoup de rapport. Il eft vrai que cet acte de facrer & de couronner les Reines ne leur donne aucun droit à la Couronne ; mais il paroît qu'on l'a mis en ufage pour rendre l'Epoufe du Souverain plus refpectable.

Ce point intéreffant de l'hiftoire n'a point échappé aux recherches de quelques Savants. A commencer par Berthe, fille de Charibert, Comte de Laon, on compte vingt-neuf de ces Princeffes qui ont été facrées, non pas, à la vérité, avec le baume de la fainte Ampoule, réfervé pour nos Rois, mais avec le faint Chrême ; & il faut obferver que la plupart ont été couronnées avec les Rois leurs époux.

A l'égard du lieu où doit se faire ce Sacre, ou du Prélat Officiant, désigné pour la Cérémonie, on ne voit point qu'il y en ait eu de désigné particuliérement, que jusqu'au temps d'Isabelle de Baviere, femme de Charles VI. Depuis, elle a toujours été célébrée dans l'Eglise de Saint-Denis, excepté une seule fois, qui fut le Sacre de Marie Stuart, mais par différents Prélats, & tous Cardinaux.

On ne fait aux Reines que deux onctions ; l'une sur la tête, l'autre sur l'estomac. Pour le Couronnement, on se sert de la Couronne de Jeanne d'Evreux, troisieme femme de Charles le Bel, Princesse d'un grand mérite, & digne, par ses vertus, de cette espece d'immortalité. Soit que ce ne fût de son temps qu'un pur ornement trop massif, & trop pesant pour être à son usage, il y a déja plus de deux siecles que la Couronne de Jeanne d'Evreux ne peut plus être employée que pour la pompe. On y supplée comme au Couronnement du Roi. La tradition de l'Anneau, du Sceptre & de la Main de Justice, se fait en silence, au lieu que le Prélat Officiant, quand c'est au Roi qu'il les donne, a sur chaque endroit des formules d'oraison ou d'invocation particuliere. Le Sceptre est plus petit que celui de Charlemagne, & il ne paroît dans les monuments aucun acte d'intronisation, quoiqu'il y soit parlé plusieurs fois du Trône de la Reine.

On trouve divers formulaires anciens des Sacres des Reines, qu'on peut lire dans le Tome I de Godefroi, qui consistent en diverses Oraisons &

M 3

Bénédictions que nous ne rapporterons pas ici: nous nous contenterons de rapporter les Cérémonies du Couronnement des Reines, d'après celles qui furent observées à celui de la Reine Marie de Médicis, le 13 Mai 1610, & qui fut le plus solemnel qu'on eût vu.

Premiérement, on n'oublie rien de tout ce qui peut rendre superbe & magnifique l'entrée & la réception de la Reine dans la ville de Saint-Denis : la préparation de l'Eglise de l'Abbaye de ce nom où se fait ordinairement cette cérémonie, est à peu près la même que celle qui se fait à Reims pour le Sacre du Roi. L'Eglise est tendue des plus riches Tapisseries de la Couronne, & le Chœur est tapissé de velours cramoisi semé de fleurs de lis en broderie d'or.

2°. On éleve vis-à-vis le Grand-Autel une estrade de huit à neuf pieds de haut sur vingt-huit de longueur & vingt deux de largeur, à laquelle on monte par huit ou dix marches, & au milieu de cette estrade, on en dresse une plus petite d'un pied de haut environ pour poser le Trône de la Reine avec son Prie Dieu, couvert de velours violet semé de fleurs de lis en or, au-dessus duquel est un dais de même.

Le Grand-Maître des Cérémonies ordonne pareillement des amphithéâtres, des gradins, des galeries à droite & à gauche pour les Princes, Prélats, Ambassadeurs, Ministres & autres personnes de distinction qui doivent s'y trouver : il fait élever du côté droit une Tribune vitrée pour le Roi. Au côté gauche de l'Autel & vis-à-vis la Tribune du Roi, eſt une longue forme pour les Cardinaux, & une autre derriere pour les Archevêques & Evêques aſſiſtants à la cérémonie. Tout près de l'Autel du même côté, eſt dreſſée une table pour mettre la grande & la petite Couronne, le Sceptre, la Main de Juſtice & l'Anneau deſtiné pour le Couronnement. A la droite, du côté de l'Evangile, eſt dreſſée une autre table, ſur laquelle on met les honneurs de l'Offrande pour être diſtribués aux Dames qui doivent les préſenter, & au-devant de cette table eſt un fauteuil de velours cramoiſi brodé d'or pour le Prélat Officiant.

Les mêmes Troupes de la Maiſon du Roi & les mêmes Officiers qui ſe ſont trouvés au Sacre du Roi, forment la marche.

La Reine eſt vêtue avec la plus grande magnificence; elle a un grand Manteau de velours ſemé de fleurs de lis d'or : s'il y a des Filles de France, elles ont quatre rangs de fleurs de lis d'or ſur les bords de leur Manteau; les Princeſſes du Sang en ont deux.

La Reine eſt conduite & ſoutenue par deux Prélats; ſi ce ſont des Cardinaux, ils ſont vêtus de leurs longues Chapes de Cardinaux : ils ſont à côté de la Reine, mais un peu derriere. M. le Dauphin, s'il y en a un, porte le pan du Manteau Royal à la droite, & ſi le Roi a un frere, il porte le pan du côté gauche; s'il n'y a, ni l'un, ni l'autre, les premiers Princes du Sang font cette fonction. Les Princeſſes du Sang portent la queue du

M 4

Manteau de la Reine. Après Sa Majesté marchent les Duchesses, les Dames d'honneur de la Reine, les Dames nommées pour les Offrandes : des Gardes-du-Corps ferment la marche.

La Reine se met à genoux devant le Grand-Autel, sur un carreau qui lui est présenté par un de ses Officiers. Le Prélat officiant, soit Cardinal ou Archevêque, (1) revêtu de ses Ornements Pontificaux, & accompagné de plusieurs Evêques & Abbés, donne un Reliquaire à baiser à la Reine, qui est ensuite conduite sur son Trône par des Prélats.

Les Filles du Roi, s'il y en a, & les Princesses & Duchesses vont faire chacune une grande révérence à la Reine, & vont s'asseoir à leurs places. M. le Dauphin & Monsieur, (si le Roi a un fils ou un frere,) vont aussi s'asseoir aux leurs : ces places sont à côté de celle de la Reine, mais hors du dais, se tenant près de Sa Majesté pour lui aider à soutenir son grand Manteau & sa Couronne, lorsqu'elle se leve ou se met à genoux : au défaut de ces Princes, ce sont les Princes du Sang les plus proches du Trône.

Deux principaux Officiers de la Couronne sont debout aux deux côtés sur l'estrade, & auprès de celui qui est à gauche de la Reine sont le Grand-Maître & le Maître des Cérémonies.

Les deux Prélats ou Cardinaux, & les deux

_____

(1) Nos Rois ont toujours choisi tel Prélat qu'ils ont voulu pour faire cette Cérémonie ; ainsi ce privilege n'appartient point de droit à aucun Evêque.

Princes qui ont conduit la Reine en son Trône, la menent au Grand-Autel. Le Grand-Maître des Cérémonies marche devant avec son Bâton, ainsi que l'Officier qui porte le carreau. La queue de Sa Majesté est portée par les mêmes personnes. La Reine se prosterne devant l'Autel : le Prélat officiant dit une Oraison, pendant laquelle la Reine baisse la tête, & cette Oraison finie, les deux Prélats se levent. Ensuite l'Officiant prend l'Ampoule où est l'huile sanctifiée & la Patene de la main de ces deux Evêques : il verse le saint Chrême sur la Patene, & fait les onctions à Sa Majesté : il commence par la tête, qui est découverte par une Princesse du Sang, la premiere par le rang, & finit par la poitrine, qui est découverte par la Princesse qui est la seconde par le rang. Le Prélat officiant prend ensuite l'Anneau qui lui est présenté par un Evêque, & le met au doigt de la Reine : puis il donne à Sa Majesté le Sceptre & la Main de Justice, qui lui sont présentés par deux Prélats. Après quoi le Grand-Aumônier de France remet la Couronne entre les mains du Prélat officiant; celui-ci la présente sur la tête de la Reine sans la quitter, & il dit en même-temps cette Oraison :

PRIONS.

REcevez la Couronne de gloire, Couronne d'honneur & de joie, afin que vous soyez toute resplendissante de son éclat, & qu'élevée un jour au Ciel, vous soyez couronnée de celle qui est éternelle.

OREMUS.

ACcipe Coronam gloriæ, honoris & jucunditatis, ut splendidâ fulgeas & æternâ exaltatione coroneris. Per Dominum nostrum.

Ordinairement, comme c'est la Couronne de Jeanne d'Evreux qui sert aux Sacres des Reines, & que cette Couronne est très-pesante, les deux Princes le plus près du Trône la soutiennent sur la tête de la Reine conjointement avec le Prélat officiant : car les Pairs au Sacre des Reines, n'ont point de fonctions comme Pairs ainsi qu'au Sacre des Rois.

Après l'Oraison du Couronnement, les mêmes Princes mettent sur la tête de la Reine une plus petite Couronne enrichie de perles & de diamants.

La Reine ayant reçu ces ornements, retourne de l'Autel au Trône, dans le même ordre qu'elle y est venüe, tenant le Sceptre & la Main de Justice.

Le même Prince ou Seigneur qui a porté la grande Couronne, la reporte au Trône de la Reine, où il la pose devant Sa Majesté, sur un carreau couvert de drap d'or. Les autres Seigneurs qui ont porté le Sceptre & la Main de Justice, accompagnent aussi la Reine sur le Trône.

Aussi-tôt une des premieres Dames de la Reine se leve, & après plusieurs révérences, elle présente les Heures & le Livre de prieres aux Princesses qui doivent les présenter à la Reine ; ce qu'elles font avec les trois révérences à l'Autel, à la Reine & aux Dames.

Ensuite la Messe commence par le Prélat ou Cardinal Officiant, assisté de deux Diacres & de deux Sous-Diacres, qui sont Archevêques & Evêques. Immédiatement après l'Evangile, le Diacre qui l'a chanté, présente le livre au Prélat

Officiant, qui, accompagné des deux Diacres & des deux Sous-Diacres, va le donner à baiser à la Reine : elle se met à genoux pour cela, ainsi que les Princes qui sont à ses côtés, & un d'eux tient en ses mains la grande Couronne élevée.

Après le *Credo*, les Maîtres des Cérémonies donnent les offrandes aux trois Dames ordonnées pour les porter à la Dame d'honneur sur la grande estrade ou échafaud. Ces trois Dames y montent l'une après l'autre : ces offrandes sont le vin, dans deux petits barrils d'argent doré, le pain d'argent, le pain d'or, & un cierge garni de treize pieces d'or. Au Sacre de Marie de Médicis, la Maréchale de la Châtre portoit les deux pains ; la Maréchale de Lavardin, le vin ; la Maréchale de Bois-Dauphin, le cierge. A mesure que ces Dames avancent sur l'estrade, elles font deux grandes révérences, l'une à l'Autel, & l'autre à la Reine. Elles donnent ces offrandes à la Dame d'honneur, qui les présente à trois Dames des plus qualifiées. Au même Sacre dont nous parlons, elle présenta le pain à la Duchesse de Vendôme, le vin à Madame de Guise, le cierge à Mademoiselle de Vendôme. La Reine descendit de son Trône pour aller à l'offrande : elle étoit accompagnée de M. le Dauphin, de Monsieur, des deux Cardinaux de Gondi & de Sourdis, & des Princesses nommées pour lui porter la queue. MM. de Vendôme portoient le Sceptre & la Main de Justice ; M. le Prince de Conti portant la Couronne, M. le Duc d'Elbeuf portant le carreau, &

M. le Comte de Saint-Paul avec son bâton, marchant devant la Reine, qui étoit suivie des trois Princesses portant les offrandes. La Reine recevant ces offrandes des mains des Princesses, les donne elle-même à mesure à l'Archevêque ou Prélat Officiant, (qui, à ce même Sacre, étoit le Cardinal de Joyeuse.) Après l'Offrande, Sa Majesté retourne dans le même ordre sur son Trône. A l'Elévation elle se met à genoux, & dans le même temps le Prince chargé de porter la Couronne, la tient élevée. A l'*Agnus Dei*, un des Cardinaux va donner le baiser de paix au Prélat Officiant; ensuite étant monté au Trône, il va le donner à la Reine.

Après que le Prélat Officiant a communié, la Reine descend de son Trône, & elle est conduite, pour la troisieme fois, devant l'Autel, dans le même ordre qu'elle y est venue. Elle se met à genoux, elle pose la Couronne qu'elle a sur la tête sur le carreau qui lui est préparé, & elle reçoit la sainte Communion des mains du Cardinal ou Prélat Officiant; ensuite elle remonte sur son Trône, & acheve d'entendre la Messe. La Cérémonie finit ordinairement par des largesses que font les Hérauts d'Armes au peuple, d'un grand nombre de pieces d'or & d'argent, frappées exprès pour cette Cérémonie; & après la Messe, la Reine est conduite dans son Palais, dans le même ordre qu'elle est venue à l'Eglise; ceux qui portent les ornements royaux marchant toujours devant elle au son des instruments. Au Sacre de Marie de Médicis, M. le Dauphin prit Sa Majesté par-deſſous le bras droit, & Monſieur, ſous le bras gauche. MM. de Guiſe portoient les pans de ſon manteau, & toute ſa Cour l'accompagna juſqu'à ſon appartement.

Marie de Médicis, femme de Henri IV, eſt la derniere Reine qui ait été couronnée. Les monuments publics ne nous inſtruiſent point pourquoi cet honneur n'a point paſſé aux Reines ſuivantes (1). Mais quelques raiſons qu'on ait eues, cette omiſſion ne peut préjudicier en rien au profond reſpect & à l'amour des peuples pour les femmes de nos Rois.

Tels ſont les ſentiments de la France pour notre auguſte Souveraine. (2) Eh! comment ne les inſpireroit-elle pas? Elle qui unit aux dons extérieurs de la nature, la douceur, l'affabilité, la compaſſion pour les malheureux, le deſir le plus vif de procurer le bonheur des peuples. Delà ces tranſports de joie que ſa préſence inſpire; ces vifs empreſſements à courir en foule ſur ſon paſſage pour être honoré de ſes regards; ces cris du cœur qui demandent pour elle au Ciel la plus longue vie, & qui prouvent plus que toutes les expreſſions, qu'Elle eſt auſſi chere aux François qu'Elle l'eſt à ſon Royal Epoux. Quel bonheur pour la

---

(1) Anne d'Autriche, Marie-Théreſe d'Autriche, & Marie Leczinska.

(2) Marie-Antoinette-Joſephe-Jeanne d'Autriche, née à Vienne le 2 Novembre 1755; mariée à Verſailles à Louis-Auguſte de France, Dauphin, le 16 Mai 1770, & Reine de France le 10 Mai 1774.

Nation, de se voir gouvernée par ce jeune Monarque, dont l'avénement à la Couronne, comparable à l'aurore d'un beau jour, a été marqué par des actes mémorables d'équité & de bienfaisance, sources de la joie universelle, dont la sagesse prématurée a rassemblé des Sages autour de son Trône, pour travailler efficacement au bien de ses Sujets, & dont le regne s'annonce pour être celui de la justice, de l'ordre & des bonnes Loix!

TABLE Chronologique & Historique du Sacre & Couronnement des Rois de France, de la 2e. & 3e. Race.

Contenant les noms des Villes où ils ont été sacrés & couronnés ; ceux des Papes, Cardinaux, Archevêques, ou Evêques qui en ont fait cette Cérémonie, & la date de leur Couronnement, jusqu'au Sacre de Louis XV.

PEPIN LE BREF est le premier qui nous fixe invariablement : il fut sacré & couronné deux fois à Soissons en 751, par saint Boniface, Archevêque de Mayence, revêtu de la qualité de Légat du Saint-Siege, & commis au gouvernement de l'Eglise de Reims, qui vaquoit alors, & à Saint-Denis en 754, par le Pape Etienne III. Il n'y a cependant que ce second Sacre, qui ait pour lui le consentement unanime des Auteurs.

CHARLEMAGNE, fils & successeur de Pepin, le fut quatre fois ; à Saint-Denis avec son pere en 754; à Noyon en 768; au bourg de Modece, comme Roi de Lombardie, par l'Archevêque de Milan, en 774, & enfin à Rome comme Empereur d'Occident, par le Pape Léon III, en 800.

LOUIS I, dit LE DÉBONNAIRE, deux fois; à Rome comme Duc d'Aquitaine, en même-temps que Charlemagne y reçut la Couronne Impériale; & à Reims, comme Empereur d'Occident, par le Pape Etienne V, venu exprès de Rome en France en 816.

CHARLES II, dit LE CHAUVE, quatre fois; à Rome, comme Roi de Lombardie, par le Pape Sergius II en 846; à Limoges, comme Roi d'Aquitaine, en 854; à Metz, comme Roi de Lorraine, par Hincmar, Archevêque de Reims, en 869, & à Rome, comme Empereur d'Occident, en 876.

LOUIS II, dit LE BEGUE, deux fois; à Compiegne, comme Roi de France, par le même Hincmar, en 877, & à Troies, comme Empereur d'Occident, par le Pape Jean VIII, en 879.

LOUIS III, dit LE FAINÉANT, & CARLOMAN, fon frere, furent facrés enfemble dans l'Abbaye de Ferrieres en Gâtinois, par Angéfife, Archevêque de Sens, en 880.

On ne voit point que Charles le Gros l'ait été en France, où il eut moins la qualité de Roi que celle de Tuteur du jeune Charles le Simple; mais il le fut deux fois hors du Royaume; à Milan, comme Roi de Lombardie, par l'Archevêque du lieu, en 880, & à Rome, comme Empereur, par le Pape Adrien III, en 881.

EUDES, qui eut auffi la tutele de Charles le Simple, reçut folemnellement la Couronne à Compiegne des mains de Gautier, Archevêque de Sens, en 887, felon l'ufage de couronner Rois les Régents, qu'on prétend avoir duré jufqu'au douzieme fiecle. Pour l'onction Royale, il n'en eft fait aucune mention.

CHARLES III, dit LE SIMPLE, reconnu Roi par
les

les Grands du Royaume, fut facré & couronné à Reims par Foulques, qui en étoit Archevêque, en 893.

Il n'eft point parlé de Sacre au fujet de Raoul de Bourgogne, qui ne fut en effet qu'un ufurpateur. La Chronique dit feulement qu'il fe fit proclamer Roi, & ainfi couronner à Soiffons par Sculphe, Archevêque de Reims, en 923.

Louis IV, dit D'OUTREMER, fils de Charles le Simple, fut facré & couronné à Laon par Artold, Archevêque de Reims, en 936.

LOTHAIRE, fon fils, le fut à Reims par le même Artold, en 954.

Louis V, dit LE FAINÉANT, fils de Lothaire, le fut deux fois; à Compiegne, du vivant de fon pere, en 978, & à Reims par l'Archevêque Adalberon en 985. C'eft où fe termine la Race Carlovingienne.

HUGUES CAPET, élu Roi par les Seigneurs, les Prélats & le peuple, & que d'ailleurs Louis le Fainéant avoit déclaré fon héritier, prit la Couronne à Noyon, & l'onction Royale à Reims des mains d'Adalberon, en 987.

On rapporte au même temps & au même lieu le Sacre & le Couronnement de Robert, affocié au Royaume par fon Pere. Quelques Hiftoriens attribuent au Roi Robert l'inftitution des Pairs: ils prétendent que ce Prince voulut s'attirer les Grands de fon Etat par un titre qui les lui rendroit en quelque forte égaux; que les fix Eccléfiaftiques furent choifis à la follicitation des Papes, & les six Laïques parce qu'ils tenoient les six plus grands fiefs mouvants de la Couronne, dont ils étoient alors propres Seigneurs.

Henri I fut couronné à Reims par l'Archevêque Ebalus, du vivant de son pere, en 1027 : il n'avoit que sept ans.

Philippe I n'en avoit pas davantage, lorsque Henri, son pere, prit à son égard la même précaution que l'on avoit prise pour lui-même. La Cérémonie s'en fit à Reims par l'Archevêque Gervais de Bellesme, en 1059. L'assemblée étoit magnifique ; mais il n'y est pas encore fait mention de l'assistance des Pairs, ni de rangs, ou de fonctions attachées à cette dignité. C'est la premiere occasion publique où les Archevêques de Reims aient avancé, que depuis le Baptême de Clovis, le Pape Hormisdas avoit accordé à saint Remi & à ses successeurs le droit de sacrer les Rois, aussi-bien que la Primatie sur toute la France.

Louis VI, dit le Gros, en 1108, choisit Orléans pour son Sacre, & Daimbert, Archevêque de Sens, pour Consacrant. Raoul, Archevêque de Reims, que le Roi n'aimoit pas, y fit son opposition ; ce qui excita bientôt une guerre fort animée entre les Savants de ce temps-là, touchant les prérogatives de l'Eglise de Reims.

Louis VII, dit le Jeune, fut sacré du vivant de son pere par le Pape Innocent II, qui tenoit à Reims un Concile très-nombreux, en 1131. Le Pape, selon quelques-uns, n'y remplit la place de Consacrant qu'à la priere de l'Archevêque Renaud.

PHILIPPE II, dit AUGUSTE, fut facré à Reims en 1179, par l'Archevêque de cette Ville, le Cardinal Guillaume de Champagne, oncle maternel de Philippe. Ce Sacre fut le plus folemnel de tous. Louis VII vivoit encore, & dès l'année 1175, il avoit dreffé le Cérémonial, ou l'ordre qu'on doit obferver en ces folemnités, & réglé fpécialement les fonctions des douze Pairs : ainfi tous y parurent avec leurs diftinctifs ; & Henri le Jeune, Roi d'Angleterre, repréfentant le Duc de Bourgogne, y porta la Couronne devant Philippe, depuis fon appartement jufqu'à l'Eglife. Philippe Augufte fut couronné une feconde fois à St. Denis, en 1180, avec Ifabelle de Hainaut, fa premiere femme : Guy, Archevêque de Sens, y officia, non comme Métropolitain, car il en fit fa déclaration ; mais parce que Guillaume de Champagne, Archevêque de Reims, n'approuvoit pas ce mariage.

LOUIS VIII, dit LE LION, reçut deux fois la Couronne & l'onction royale ; à Londres, en 1215, comme Roi d'Angleterre, & à Reims avec Blanche, fon époufe, en 1223, comme Roi de France ; ce fut l'Archevêque de Reims, Guillaume de Joinville, qui fit la Cérémonie.

SAINT LOUIS, IX du nom, reçut auffi l'une & l'autre à Reims, en 1226, mais des mains de Jacques Bazoches, Evêque de Soiffons, le fiege de la Métropole étant vacant. On croit que ce Prince introduifit la coutume d'aller après le Sacre en pélérinage à Saint-Marcoul, avant que de toucher les malades.

Il n'y a plus déformais de Rois, jufqu'à Henri IV, qui n'aient été facrés & couronnés à Reims.

Philippe III, dit le Hardi, par Milon de Bazoches, Evêque de Soiffons, en 1271; le fiege de Reims vacant encore.

Philippe IV, dit le Bel, par l'Archevêque Pierre Barbet, en 1286.

Louis X, dit Hutin, par l'Archevêque Robert de Courtenay, en 1315.

Ces deux Rois l'avoient été auffi à Pampelune, comme Rois de Navarre, l'un en 1284, & l'autre en 1307.

Philippe V, dit le Long, par le même, en 1316.

Charles IV, dit le Bel, par le même, en 1321.

Philippe VI, dit de Valois, par l'Archevêque Guillaume de Trie, fon oncle, en 1328.

Jean I, par l'Archevêque Jean d'Arcy, en 1350.

Charles V, dit le Sage, par l'Archevêque Jean de Craon, en 1364.

Charles VI, dit le Bien-Aimé, par l'Archevêque Richard de Picque, dit de Befançon, en 1380.

Charles VII, dit le Victorieux, par l'Archevêque Renaud de Chartres, en 1429.

Louis XI, par l'Archevêque Jean Juvenal des Urfins, en 1461.

Charles VIII, par l'Archevêque Pierre de Laval, en 1484.

Louis XII, dit le Pere du Peuple, par le

Cardinal Guillaume Briçonnet, en 1498.

FRANÇOIS I, dit LE GRAND, par l'Archevêque Robert de Lenoncourt, en 1515.

HENRI II, par le Cardinal-Archevêque Charles de Lorraine, en 1547.

FRANÇOIS II, par le même, en 1559.

CHARLES IX, par le même, en 1561.

HENRI III, par le Cardinal Louis de Lorraine, Evêque de Metz, le Siege de Reims étant vacant, en 1575, le même jour quinzieme de Février, qu'il avoit été sacré & couronné Roi de Pologne à Varsovie l'année précédente.

HENRI IV, dit LE GRAND, eut des raisons si puissantes pour presser son Sacre pendant que Reims étoit encore au pouvoir de la Ligue, que cette interruption ne sauroit préjudicier à l'usage constant, qui avoit prévalu depuis plusieurs siecles, de sacrer les Rois à Reims & par l'Archevêque de cette Ville. La Cérémonie en fut faite dans l'Eglise de Notre-Dame de Chartres par l'Evêque Diocésain, Nicolas de Thou, en 1594, nonobstant les requisitions de Renaud de Beaune, Archevêque de Bourges, & nommé à l'Archevêché de Sens, qui prétendoit représenter l'Archevêque de Reims. On s'y servit pour l'Onction d'une Ampoule conservée à Tours dans l'Abbaye de Marmoutier, & que Sulpice Sévere, Fortunat & Alcuin disent avoir été apportée par un Ange à saint Martin, & l'avoir guéri d'une chute qui lui avoit froissé tous les membres. Côme de Clausse, Evêque de Châlons, étoit le seul des Pairs qui y fût présent, & qui y remplit les fonctions de la Pairie.

Les choses ont repris leur cours sous les trois derniers Rois : ils ont été sacrés & couronnés à Reims.

Louis XIII, en 1610, par le Cardinal de Joyeuse, Archevêque de Rouen, représentant l'Archevêque de Reims, Louis de Lorraine, qui ne fut jamais que dans l'Ordre du Sous-Diaconat.

Louis XIV, dit LE GRAND, en 1654, par Simon le Gras, Evêque de Soissons, comme Doyen & premier Suffragant de la Métropole pendant la vacance.

Louis XV, dit LE BIEN-AIMÉ, en 1722, par Armand-Jules de Rohan, Archevêque-Duc de Reims.

APPROBATION.

J'Ai lu par ordre de Monseigneur le Garde des Sceaux, un Manuscrit intitulé : *Cérémonial du Sacre des Rois de France, d'après celui qui a été observé au Sacre de Louis XV*. Fait à Paris, ce 30 Août 1774.   ARNOULT.

PRIVILEGE DU ROI.

LOUIS, par la grace de Dieu, Roi de France & de Navarre : A nos amés & féaux Conseillers, les Gens tenant nos Cours de Parlement, Maîtres des Requêtes ordinaires de notre Hôtel, Conseils Supérieurs, Prévôt de Paris, Baillis, Sénéchaux, leurs Lieutenants Civils, & autres nos Justiciers, qu'il appartiendra ; SALUT. Notre amé le Sieur * * * Nous a fait exposer qu'il desireroit faire imprimer & donner au Public un Livre intitulé : *Cérémonial du Sacre des Rois de France*, d'après celui de Louis XV, s'il Nous plaisoit lui accorder nos Lettres de Permission pour ce nécessaires. A CES CAUSES, voulant favorablement traiter l'Exposant, Nous lui avons permis & permettons par ces Présentes, de faire imprimer ledit Ouvrage, autant de fois que bon lui semblera, de le faire vendre & débiter par tout notre Royaume *pendant le temps de trois années consécutives*, à compter du jour de la date des Présentes. Faisons défenses à tous Imprimeurs, Libraires & autres personnes, de quelque qualité & condition qu'elles soient, d'en introduire d'impression étrangere dans aucun lieu de notre obéissance; à la charge que ces Présentes seront enregistrées tout au long sur le Registre de la Communauté des Imprimeurs & Libraires de Paris, dans trois mois de la date d'icelles; que l'impression dudit Ouvrage sera faite dans notre Royaume, & non ailleurs, en bon papier & beaux caracteres; que l'Impétrant se conformera en tout aux Réglements de la Librairie, & notamment à celui du 10 Avril 1725, à peine de déchéance de la présente Permission; qu'avant de l'exposer en vente, le manuscrit qui aura servi de copie à l'impression dudit Ouvrage, sera remis dans le même état où l'Approbation y aura été donnée, ès mains de notre très-cher & féal Chevalier, Garde des Sceaux de France, le sieur HUE DE MIROMENIL; qu'il en sera ensuite remis deux Exemplaires dans notre Bibliotheque publique, un dans celle de notre Château du Louvre, & un dans celle de notre très-cher & féal Chevalier, Chancelier de France, le Sieur DE MAUPEOU, & un dans celle dudit Sieur HUE DE MIROMENIL; le tout à peine de nullité des Présentes. Du contenu desquelles vous mandons & enjoignons de faire jouir ledit Exposant & ses ayants causes, pleinement & paisiblement, sans souffrir qu'il leur soit fait aucun trouble ou empêchement: Voulons que la copie des Présentes, qui sera imprimée tout au long au commencement, ou à la fin dudit Ouvrage, soit foit ajoutée comme à l'Original. Commandons au premier notre Huissier ou Sergent sur ce requis, de faire, pour l'exécution d'icelles, tous Actes requis & nécessaires, sans demander autre permission, & nonobstant Clameur de Haro, Charte Normande & Lettres à ce contraires. CAR TEL EST NOTRE PLAISIR. DONNE' à Versailles, le premier jour du mois de Décembre, mil sept cent soixante-quatorze, & de notre Regne le premier.

Par le Roi en son Conseil.

Signé, LE BEGUE.

Je cede & transporte à M. Desprez, Imprimeur du Roi & du Clergé de France, la présente Permission, comme chose à lui appartenante, suivant les conventions faites entre nous. A Paris, ce 2 Décembre 1774. * * *.

Registré la présente Cession & ensemble la Permission, sur le Registre XIX de la Chambre Royale & Syndicale des Libraires & Imprimeurs de Paris, N°. 462, fol. 329, conformément aux anciens Réglements, confirmés par celui du 28 Février 1723. A Paris, ce 2 Décembre 1774.
SAILLANT, *Syndic.*

ERRATA.

Pag.	lig.	
64	3	*in rubro*, lisez *in rubo*.
80	16	*mus audi nos*, lisez *mus, audi nos*.
191	11	deux fois à Soissons, *lisez* deux fois ; à Soissons.
	25	comme Duc d'Aquitaine, *lisez* comme Roi d'A- quitaine.
192	15	par Angésise, *lisez* par Anségise.